U0687713

中华精神家园

千秋教化

教育之本

历代官学与民风教化

肖东发 主编　钟双德 编著

中国出版集团

现代出版社

图书在版编目（CIP）数据

教育之本 / 钟双德编著. — 北京：现代出版社，
2014.10（2021.7重印）
（中华精神家园书系）
ISBN 978-7-5143-2994-0

Ⅰ. ①教… Ⅱ. ①钟… Ⅲ. ①教育史—中国 Ⅳ.
①G529

中国版本图书馆CIP数据核字（2014）第236350号

教育之本：历代官学与民风教化

主　　编：肖东发
作　　者：钟双德
责任编辑：王敬一
出版发行：现代出版社
通信地址：北京市定安门外安华里504号
邮政编码：100011
电　　话：010-64267325　64245264（传真）
网　　址：www.1980xd.com
电子邮箱：xiandai@cnpitc.com.cn
印　　刷：三河市嵩川印刷有限公司
开　　本：710mm×1000mm　1/16
印　　张：11
版　　次：2015年4月第1版　2021年7月第3次印刷
书　　号：ISBN 978-7-5143-2994-0
定　　价：40.00元

版权所有，翻印必究；未经许可，不得转载

　　党的十八大报告指出："文化是民族的血脉，是人民的精神家园。全面建成小康社会，实现中华民族伟大复兴，必须推动社会主义文化大发展大繁荣，兴起社会主义文化建设新高潮，提高国家文化软实力，发挥文化引领风尚、教育人民、服务社会、推动发展的作用。"

　　我国经过改革开放的历程，推进了民族振兴、国家富强、人民幸福的中国梦，推进了伟大复兴的历史进程。文化是立国之根，实现中国梦也是我国文化实现伟大复兴的过程，并最终体现为文化的发展繁荣。习近平指出，博大精深的中国优秀传统文化是我们在世界文化激荡中站稳脚跟的根基。中华文化源远流长，积淀着中华民族最深层的精神追求，代表着中华民族独特的精神标识，为中华民族生生不息、发展壮大提供了丰厚滋养。我们要认识中华文化的独特创造、价值理念、鲜明特色，增强文化自信和价值自信。

　　如今，我们正处在改革开放攻坚和经济发展的转型时期，面对世界各国形形色色的文化现象，面对各种眼花缭乱的现代传媒，我们要坚持文化自信，古为今用、洋为中用、推陈出新，有鉴别地加以对待，有扬弃地予以继承，传承和升华中华优秀传统文化，发展中国特色社会主义文化，增强国家文化软实力。

　　浩浩历史长河，熊熊文明薪火，中华文化源远流长，滚滚黄河、滔滔长江，是最直接的源头，这两大文化浪涛经过千百年冲刷洗礼和不断交流、融合以及沉淀，最终形成了求同存异、兼收并蓄的辉煌灿烂的中华文明，也是世界上唯一绵延不绝而从没中断的古老文化，并始终充满了生机与活力。

　　中华文化曾是东方文化摇篮，也是推动世界文明不断前行的动力之一。早在500年前，中华文化的四大发明催生了欧洲文艺复兴运动和地理大发现。中国四大发明先后传到西方，对于促进西方工业社会的形成和发展，曾起到了重要作用。

中华文化的力量，已经深深熔铸到我们的生命力、创造力和凝聚力中，是我们民族的基因。中华民族的精神，也已深深植根于绵延数千年的优秀文化传统之中，是我们的精神家园。

总之，中华文化博大精深，是中国各族人民五千年来创造、传承下来的物质文明和精神文明的总和，其内容包罗万象，浩若星汉，具有很强的文化纵深，蕴含丰富宝藏。我们要实现中华文化伟大复兴，首先要站在传统文化前沿，薪火相传，一脉相承，弘扬和发展五千年来优秀的、光明的、先进的、科学的、文明的和自豪的文化现象，融合古今中外一切文化精华，构建具有中国特色的现代民族文化，向世界和未来展示中华民族的文化力量、文化价值、文化形态与文化风采。

为此，在有关专家指导下，我们收集整理了大量古今资料和最新研究成果，特别编撰了本套大型书系。主要包括独具特色的语言文字、浩如烟海的文化典籍、名扬世界的科技工艺、异彩纷呈的文学艺术、充满智慧的中国哲学、完备而深刻的伦理道德、古风古韵的建筑遗存、深具内涵的自然名胜、悠久传承的历史文明，还有各具特色又相互交融的地域文化和民族文化等，充分显示了中华民族的厚重文化底蕴和强大民族凝聚力，具有极强的系统性、广博性和规模性。

本套书系的特点是全景展现，纵横捭阖，内容采取讲故事的方式进行叙述，语言通俗，明白晓畅，图文并茂，形象直观，古风古韵，格调高雅，具有很强的可读性、欣赏性、知识性和延伸性，能够让广大读者全面接触和感受中国文化的丰富内涵，增强中华儿女民族自尊心和文化自豪感，并能很好继承和弘扬中国文化，创造未来中国特色的先进民族文化。

2014年4月18日

教育先河——儒学天下

五氏授技的教育启示　002

尧舜时期的教育实践　009

夏商周时期的教育　015

春秋战国时期的教育　022

先秦儒家的道德教化　031

承前启后——教化之风

040　秦代法治教化的政策

049　汉代德育教化的举措

060　魏晋南北朝的官学

071　南北朝时期的家学

076　隋唐时期的儒学教化

082　隋唐时期的经学成就

087　隋唐时期的科技教育

师古兴学——开科举士

094 五代时期儒学和经学

099 北宋时期的兴学运动

106 两宋时期的蒙学教育

113 两宋时期的书院教育

121 元代民间的办学特色

文明传递——崇儒重教

明清时期的官学教育 128

明清时期的书院教育 137

明清时期的蒙学教育 142

清代阶段教育的体制 150

清代洋务教育的措施 160

儒学天下

　　教育是伴随人类社会出现而产生的一种社会现象。我国古代教育起源于原始社会人的生产劳动和社会生活的需要及人自身身心发展的需要。在原始社会末的尧舜时期，就实施了素质教育、人才教育，以及教化民众等一系列教育措施，开创了古代早期教育的先河。

　　春秋战国时期，由于社会动荡，夏商周时期的官学逐渐式微，而私学适应了新时期的需要。当时的儒家私学最为成功，孔子、孟子、荀子在教育理论上的建树也极富特色，对后世的影响十分深远。

五氏授技的教育启示

　　传说在上古时候，人少而禽兽多，人类居住在地面上，经常遭受禽兽攻击，每时每刻都存在着伤亡危险。在恶劣环境逼迫下，一部分人开始往北迁徙，他们来到中原一带。

原始人生活场景图

在这里，人们受鼠类动物的启发，在黄土高原的山坡上打洞，人居住在里面，用石头或树枝挡住洞口。尽管如此，还是经常遭受禽兽的攻击，随时都有生命危险。

在北方先民走向穴居的同时，一部分畏寒不愿北迁的南方先民，则开始考虑营建自己安全的住所了。在南方先民中，有一个聪明的人，受到鸟雀在树上搭窝的启发，也想在树上搭建屋子，以躲避地面上野兽的袭击。于是，他教人们先用藤条在高大的树干上缠绕成框架，再用树枝遮挡四围和顶部，待弄得严严实实后，房屋就这样建成了。

这种构木为巢建成的房屋，即挡风避雨，又可防止禽兽攻击。从此以后，人们白天采摘橡栗，夜晚栖宿树上，不再过那种担惊受怕的日子。

人们非常感激这位发明巢居的人，便推选他为当地的部落酋长，尊称他为"有巢氏"。有巢氏被推选为部落酋长后，为大家办了许多好事，影响很大，各部落人都认为他德高望重，一致推选他为总首领，尊称他为"巢皇"。

自有巢氏之后，中华民族的先民告别洞处穴居，从此开始了安居生活。有巢氏的功德，反映了我国原

■ 原始巢居

中原 为中华民族、中华文明、中原文化的发源地，万里母亲河黄河两岸，千里太行山脉、千里伏牛山脉东麓，在古代被华夏民族视为天下中心。广义的中原是以中原洛阳、开封、商丘、安阳、郑州、南阳、许昌等七大古都群为中心，辐射黄河中下游的广大平原地区。狭义的中原即指天地之中、中州河南。

伏羲八卦 又称"先天八卦"，传说是由距今7000年的伏羲氏观物取象的所作。《周易·系辞传》说："易有太极，是生两仪，两仪生四象，四象生八卦。"这就是先天八卦及其产生的过程。在这个演变过程中，首先是太极，其次是两仪，接着是四象，最后是八卦，它们是宇宙形成的过程。

■ 燧人氏取火塑像

始社会由穴居进入巢居的文明进程。

那时候，人们还只能吃生食，茹毛饮血。由于生食腥臊恶臭，伤害肠胃，导致许多人生了疾病。后来，人们发现火烤熟的食物味美且易消化。但是，因雷击等产生的自然火种很少，而且容易熄灭，人们很难得到并保留火种。

这时，有个人发现，当鸟啄燧木的时候，燧木就出现了火花。于是，他就折下一截燧木枝，对着燧木反复钉钻，时间不长，拿在手里的这截燧木枝冒出火来，就这样获得了火种。

这个聪明的人把钻木取火的方法教给了人们，人类从此学会了人工取火，用火烤制食物、照明、取暖等。人们感谢这位能人，尊称他为"燧人氏"。

人类自从有了火，就跟其他所有的动物永远分道扬镳了。因为其他动物始终不会用火，而人们却因之改吃熟的东西，生活方式呈现划时代的突破。人类虽然有了火，不等于就有了食物。为了获取更多的食物，当时的人们靠自然采集和追逐、围猎野兽，竭泽而渔的生活方式。但随着人口的增长，食物来源越来越困难。

这时，有一个部落的首领叫伏羲，有一天他看到蜘蛛结

■ **伏羲** 是三皇之首，百王之先。他和女娲同是中华民族的人文始祖他，受到了中华儿女的称赞和共同敬仰。他发明创造了八卦和文字，是我国古文字的发端，从此结束了"结绳记事"的历史。伏羲后来被中国神话描绘为"人首龙身"。

网捕虫，很受启发，就借鉴蜘蛛结网的方式，发明了网。然后，他教会部众用绳索编结成网，用网来捕捉禽兽鱼虾。这样一来，人们的食物来源增加了。

伏羲具有神圣之德，他不仅教会了人们结网捕鱼等，还教会了人们如何用火烹饪，从此人们享受到香喷喷的饮食；还教导部落里的男女固定他们的配偶，并制订夫妇制度；还教导人们训练捕捉到的动物，将它们驯化成家畜；还教导人们种植桑树养蚕，抽丝纺织。

此外，伏羲仰观天空云彩变换、电闪雷鸣、下雨下雪，又俯察地上会刮大风、起大雾时飞鸟走兽的动向，然后根据天地间阴阳变化之理，创造了八卦，就是用8种简单却寓意深刻的符号来概括天地之间的万事万物。后人称之为"伏羲八卦"。他还创造了文字，从而替代了在绳子上打结记事的方法。

伏羲以上的这一系列开创文明的贡献，不仅对当时社会的发展起了巨大的推动的作用，而且成了中华文化的源头。伏羲得到了后世人们的赞颂和崇敬。

在伏羲做了这些工作后不久，天地间却发生了一件惊天动地的大事。在当时，有两个部落的首领共工氏和颛顼氏，他们为了自己的部

族的生存，在不周山这个地方进行决斗，结果共工氏失败。共工氏愤怒得发狂，他用头猛烈地撞向不周山，一声可怕的声响之后，不周山被从中撞断，轰然崩坍了。

不周山是天和地之间的主要支柱，支柱折断，天庭立刻裂开一条巨缝。大地失去平衡，向东南急剧倾斜。一时间，日月无光，狂风暴雨在天地间肆虐。人类奔走呼号，眼看着就要像碎石子一样地滚落到地极的黑暗深渊里去了。

■ 伏羲女娲画像

这时，在伏羲去世之后代替伏羲管理部众的女娲氏，不忍心看到人们面临浩劫，她采来山上的五色石头烧炼，炼好之后，用它把天上的裂缝补住了。接着，女娲氏又用神龟的四只脚，当作四根支柱，把大地重新支起。因天裂而漏下来的大水还在地上奔流，女娲氏就用芦草烧灰，铺在地上把水吸干，这就是现在的华北大平原，由于它是用芦草灰铺成的，所以平坦而又肥沃。

不周山 为古代传说中的山名，据说在昆仑山西北。相传不周山是人界唯一能够到达天界的路径，但不周山终年寒冷，长年飘雪，非凡夫俗子所能徒步到达。由于古人对土地产生了泛散畏心理，因此，所有的山都成了不周山。

人类不再担心天塌地陷时，却又因为另外两件事而苦恼：一是不知道什么东西可以吃和什么东西不可以吃；二是对疾病不知道该如何治疗。这时候，又有一个伟大的人物出现了，他就是神农氏。

神农氏的样貌非常奇特，他身材瘦削，身体除四肢和脑袋外都是透明的，因此内脏清晰可见。他为了辨别食物是否能吃，就采集各种花草果实，一一地放到口中咀嚼并吃下。只要吃下的东西是有毒的，他的内脏就会呈现黑色，因此什么药草对于人体哪一个部位有影响就可以轻易地知道了。

　　有一次，神农氏把一棵草放到嘴里一尝，霎时天旋地转，一头栽倒。臣民们慌忙扶他坐起。

　　神农氏明白自己中了毒，可是已经不会说话了，只好用最后一点力气，指着面前一棵红亮亮的灵芝草，又指指自己的嘴巴。

　　臣民们慌忙把那红灵芝放到嘴里嚼嚼，喂到他嘴里。神农吃了灵芝草，毒气解了，头不昏了，会说话了。从此，人们都说灵芝草能起死回生。

　　臣民们担心神农氏这样尝草太危险了，都劝他回去。他又摇摇头说："不能回！黎民百姓饿了没吃的，病了没医的，我们怎么能回去呢！"说罢，他又接着尝百草。

　　神农氏通过尝百草，分辨出了可以吃的五谷，并通过试种，掌握了栽培方法，然后教人种植这些五谷。从此，人们

灵芝草 又称"灵芝"、"神芝"等，是多孔菌科植物赤芝或紫芝的全棵，具备很高的药用价值，经过科研机构的研究证实，灵芝对于增强人体免疫力，调节血糖，控制血压，辅助肿瘤放化疗，保肝护肝，促进睡眠等方面均具有显著疗效。

教育先河

儒学天下

■ 神农画像

有了自己种植的粮食作物。

在教人耕作过程中，神农氏还因天之时，分地之利，"斫木为耜，揉木为耒"，发明了农业工具。耒耜的使用，大大提高了人们征服自然的能力。

在尝百草过程中，神农氏还掌握了很多植物药性，于是撰写了一本书，定名《本草》。在这部人类最早的著作上，他详细记载各种药物的性能，告诉人们怎样利用这些草药防病治病，以求得寿命更长。

神农氏教会了人们开展种植业，开创了人类更加实用和可靠的生存方式，并引领农耕时代的到来。由于他对华夏农业文明作出了突出的贡献，被称为"华夏农业文明的缔造者"。

上述关于有巢氏、燧人氏、伏羲氏、女娲氏、神农氏的传说，在原始社会末期的尧舜时期，就开始流传了，这些传说被称为"五氏传说"。五氏都是三皇之后出现的伟大人物。

五氏诸神的一切活动，虽出自尧舜时的追记，却也大致勾勒出华夏民族的祖先"人猿相揖别"的历程。正是由于五神教会了人们诸多技能，人类从此成为主宰世界和创造世界的先锋。

更重要的是，尧舜时的"五氏传说"，表明尧舜时的人们已经有了教育观念，而华夏民族的早期教育实践也由此开始了。

教育之本
历代官学与民风教化

阅读链接

据传说，神农氏的母亲安登有一天去华阳游玩时，因感应神龙之气，在姜水河畔生下了他。他生下来时牛首人身，第三天就会讲话，第五天就能行走，第七天牙齿长全，魁梧伟岸，仪表堂堂。他因在姜水边长大，就以姜为姓。

长大后，他带着他的部落逐渐沿渭水、黄河向东发展，因与黄帝在阪泉发生冲突，被黄帝所败，便来到了中原，先都陈，后徙鲁，他一生最伟大的功绩尝百草和种五谷就是这里完成的。

尧舜时期的教育实践

尧舜时的五氏传说，不仅反映出当时的人们已经认识到了教育的作用，其重要的意义在于，这一认识激发了当时的人们更自觉、更主动地去加以实施，促成了华夏民族早期教育实践活动的展开。

事实上，作为以仁德教化天下的氏族部落联盟首领，尧舜针对当时的情况采取了不少教育举措，包括执政者的自身教育、人才的考试和选拔、教化民众、生产方面的教育，以及对下一代的教育等。

执政者要积极进行自我教育，这是尧舜所重点倡导的。

尧帝画像

五刑 即墨、劓、剕、宫和大辟。尧舜时期对不同的人或不同性质的罪过，其量刑是区别对待的。尧舜时期的刑法，较黄帝时代的"内行刀锯"具体得多了，而且对量刑的规定也比较合理，这是社会进步的一种反映。进入封建社会后，奴隶制肉刑开始逐渐被废除。

据《尚书·尧典》记载：

若稽古，帝尧曰放勋。钦明文思安安，允恭克让，光被四表，格于上下；克明俊德，以亲九族；九族既睦，平章百姓。

意思是说：如果考查历史，帝尧德名字叫放勋。他严肃恭谨，明察是非，善于治理天下，宽宏温和，诚实尽职，能够让贤，光辉普照四面八方，以至于天上地下。他能够明察有才有德的人，使同族人亲密团结。族人亲密和睦了，又明察和表彰有善行的百官协，调诸侯各国的关系，民众也随着变得友善和睦起来了。

■ 舜帝画像

在《皋陶谟》中，更是通过皋陶之口指出执政者如何进行自我教育："表正万邦，慎厥身修思永；弘敷五典，无轻民事唯难。"

意思是说：执政者是"万邦"之表率，需谨言慎行，勤勉政事，深谋远虑，以达到维持长治久安的目的；要广泛地传布少昊、颛顼、高辛、唐、虞的著作，以仿效先代圣贤的做法，也不要忽视国计民生，要体会到其中的艰难。

《皋陶谟》中还记载了皋陶所说的执政者应该具备的九德：

宽而栗，柔而立，愿而恭，乱而敬，扰而毅，直而温，简而廉，刚而塞，强而义。

意思是说：行事谨慎，如履薄冰；办事方式柔和，又立场坚定；与人为善，从人心愿，又严肃负责；处事公平而持重；耐心随顺，又极其果敢；严于律己，宽以待人；平易近人，又坚持原则；做事主动坚决，又有节制；能力强，又能协调好关系。

在尧舜时的教育举措中，人才的考试和选拔是一项重要内容。尧选鲧治水采取了先让鲧试一试的做法，表明尧帝对选贤任能是非常审慎的。

舜即位后，通过民主形式，选拔任命了禹等22人分管各方面工作，并规定了"三载考绩，三考黜陟幽明"的制度，即通过3年的考察，然后再黜退昏愚的官员，晋升贤明的官员。

尧舜时的教育举措，还通过推行教化来调节人际关系，改善社会风俗，并由此形成了传统。

帝舜为天下共主时，一方面任皋陶为士，制订五刑以惩治邪恶一方面又任契为司徒，负责推行父义、母慈、兄友、弟恭、子孝等五伦教化，此即古代教化史上有名的"契敷五教"的典故。

尧帝禅让石刻

　　契的工作比皋陶更有成效，他不以法令为先行，而以教化为先，被后人传为美谈。契开展他的教化工作的方法是，他先将5种伦常之教的要义悬挂在"象魏"上，让民众都来观看，然后亲自逐条解说，使之深入人心并转化为自觉的行为准则。

　　象魏是当时天子和宫门外的一对台观式建筑物，因其台高像山一样巍然耸立，故名"象魏"。"魏"和"巍"是通假字。当时称国家的礼法教令为"象法"，用来悬挂象法的载体就是象魏。后来周族拥有天下后，象魏悬教的古法被发展完善成一整套制度，一直贯穿于奴隶社会乃至封建社会的始终。

　　在当时，象法的内容分12类：一为祭礼教育，使民知敬；二为阳礼，即乡射饮酒礼教育，使民知让；三为阴礼，即婚礼教育，使民知亲；四为乐礼教育，使民知和；五为仪式教育，使民安分；六为传统教育，使民守业；七为法制教育，使民遵纪；八为安全教育，使民不息；九为制度教育，使民知足；十为职业教育，使民自立；十一为荣誉教育，使民修德；十二为奖优教育，使民建功。

　　此外，又有父子、兄弟、夫妇、君臣、长幼、朋友、宾客等七种伦理教育，统称"七教"，与"十二教"互通。

尧舜都十分注重生产方面的教育。尧帝在这方面做出了许多安排，比如：他命令羲氏与和氏，严肃谨慎地遵循天数，推算日月星辰运行的规律，制订出历法，把天时节令告诉人们。

命令羲仲，居住在东方的旸谷，恭敬地迎接日出，辨别测定太阳东升的时刻。昼夜长短相等，南方朱雀七宿黄昏时出现在天的正南方，这一天定为"春分"。

命令羲叔，居住在南方的交趾，辨别测定太阳往南运行的情况，恭敬地迎接太阳向南回来，白昼时间最长，东方苍龙七宿中的火星，黄昏时出现在南方，这一天定为"夏至"。

命令和仲，居住在西方的昧谷，恭敬地送别落日，辨别测定太阳西落的时刻，昼夜长短相等。北方玄武七宿中的虚星黄昏时出现在天的南方，这一天定为"秋分"。

命令和叔，居住在北方的幽都，辨别观察太阳往北运行情况。白昼时间最短，西方白虎七宿中的昂星黄昏时出现在正南方，这一天定为"冬至"。

命令发布后，尧帝教导他们说："你们羲氏与和氏，一周年是366天，要用加闰月的办法确定春夏秋冬四季来成岁。由此规定百官的职守，各种事情就都兴起了。"

朱雀 因为有从火里重生的特性，也叫"火凤凰"，是我国古代传说中的四大神兽之一，是一种代表幸福的灵物，又有说是由佛教的大鹏金翅鸟变化而成的。根据五行学说，它是代表南方的神兽，代表的颜色是红色，代表的季节是夏季。

■ 皋陶蜡像

舜帝在位时也有许多这方面的教育举措，比如：命弃为农官，教民百谷播种时间；命禹做司空，治沟洫，平水土；命益为虞官，掌山林等。尧舜还注重对下一代的教育，不仅有"教胄子"的专职人员夔，还有了专门场所"成均"。成均就是学校。舜帝时的学校，兼有养老、藏米之所，并且已有大学、小学之分。养老的场所逐渐成为传授生产、生活经验和知识的学校。

舜时就有专门的学官，管理教育事业，并已分为三大部分：契负责主持5种伦理道德的教育，伯夷负责主持祭祀天、地、宗庙之礼，夔负责专掌乐教。

以上事实说明，我国古代的德教思想、考试选拔人才的思想、社会教化思想、注重生产教育思想、借助乐教培养贵族下一代的思想，在原始社会都已萌芽了。

舜帝时专门教育培养下一代的教育场所学校的萌芽，以及考试选才制度的发端，在古代教育史上具有开创性意义。它表明，教育已开始成为一种专门的人类社会实践活动，显示了华夏民族早期教育实践水平的飞跃。

教育之本
历代官学与民风教化

阅读链接

尧舜时洪水泛滥，尧的几个大臣即五岳之主就推荐鲧治水，但尧对人才的选拔非常谨慎，决定先让鲧试试。鲧治水用堵截之法，结果失败了。通过实践考验，尧发现鲧的能力不足，还带来了更大灾害，就重重地处罚了鲧。

此后，尧又对鲧的儿子禹进行考察，看看他能不能完成这项任务。禹继承父亲遗志，认真总结前辈的经验教训，采取疏导之法，终于治水成功，成为英雄人物。尧对禹很满意，就让他担任更多的工作。禹的能力也越来越强了。

夏商周时期的教育

大约在4000多年前，黄河流域洪水为患，鲧治水失败后，舜帝就让鲧的儿子禹担当治水大任。

禹首先教会了人们使用尺、绳等测量工具，然后到主要山脉、河流做了一番严密的考察。他发现龙门山口过于狭窄，难以通过汛期洪水；还发现黄河淤积，流水不畅。在彻底了解了山川地形的情况后，

绍兴大禹陵壁画

禅让 指古代帝王让位给不同姓的人,如伊祁姓的尧让位给姚姓的舜,舜让位给姒姓的禹。这是一种"拟父子相继、兄终弟及"的王位继承制度,是对正统王位继承制的模拟,是上古时期政治舞台上部族政治激烈角力的结果,目的是让各大部族的代表人物有机会分享最高权力。

教育之本

历代官学与民风教化

■ 大禹治水

他决定用疏导的办法治水。

禹集中起来治水的人力,在群山中开道。他指导人们疏通河道,拓宽峡口,让洪水能更快地通过;还指导人们在高处凿通,低处疏导。

在艰辛的日日夜夜里,禹的脸晒黑了,人累瘦了,甚至连小腿肚子上的汗毛都被磨光了,脚趾甲也因长期泡在水里而脱落,但他还在操作着、指挥着。在他的带动和指导下,治水工作进展神速,大山终于豁然屏开,形成两壁对峙之势,洪水由此一泻千里,江河从此畅通。

由于禹治水成功,舜帝按照以前部落联盟内采用的禅让方式,在自己老的时候,把王位传给了禹。

禹在治水过程中,依靠艰苦奋斗、因势利导、科学治水、以人为本的理念,克服重重困难,终于取得了治水的成功。

禹王庙壁画

禹接受王位禅让后，又在涂山召集部落会盟，征讨三苗，将三苗驱赶到丹江与汉水流域，取得了胜利，巩固了君权。

由于禹是夏部落首领，曾经被封为"夏伯"，禹治水成功和征三苗胜利后，"夏"就成为国名，中原地区从此出现了"国家"的概念。这便是历史学家所认定的我国历史上第一个奴隶制世袭王朝夏王朝的起始。

禹教会了人们怎样和自然作斗争，使人们掌握了很多相关知识，用于发展生产，再加上当时经济上扩大交流范围和政治上实施政令的需要，使文字有了新发展。

文字是教育的重要手段，可以记录人们的思想活动，积累知识经验，也可以突破时空的限制，把知识传授给下一代。夏代文字的发展，促使教育工作开展起来。

三苗 与欢兜、共工、鲧合称为"四罪"。古代传说中黄帝至尧舜禹时代的古族名。又叫"苗民"、"有苗"。主要分布在洞庭湖和鄱阳湖之间。当禹的夏部落联盟跨入奴隶社会时，三苗已有"君子"、"小人"之分，开始有了阶级分化。三苗有"髽首"的习俗，即把麻和头发合编成结。

甲骨文 又称"契文"、"甲骨卜辞"或"龟甲兽骨文",主要指商代后期王室用于占卜记事而在龟甲或兽骨上镌刻的文字,殷商灭亡周朝兴起之后,甲骨文还延绵使用了一段时期。是我国已知最早的成体系的文字形式,它上承原始刻绘符号,下启青铜铭文,是汉字发展的关键形态。

在当时,夏代的教育工作是国家的重要任务,由国家机构中六卿政务官员之一的司徒主管教化。教育的目的是要把贵族阶级的成员及其后代培养成为能射善战的武士,即所谓"以射造士"。

在教育内容方面,一方面,夏代很重视军事教练。当时弓箭是主要武器,成为教练的主要项目;另一方面是宗教教育,这种宗教教育以敬天尊祖为中心。人伦道德教育也是当时教育的重要内容。

夏代国都有"序"这种学校的设置。它的性质,起初是教射得场所,后来发展成为奴隶主贵族一切公共活动如仪征、祭拜、养老的场所,也是奴隶主贵族教育子弟的场所。

夏代地方也有学校,被称为"校",属于乡学性质。夏代曾利用宽广的场所来进行军事训练,从而成为习武的场所。

■ 商代甲骨文

至商代,由于奴隶制度进一步发展,生产力日益提高,文化更加丰富,科学也有相应进步,教育也有了明显的进步。甲骨文的发现和研究,证实古籍中关于商代学校的记载是可信的。

商代的学校名称有"序"、"庠"、"学"和"瞽宗"等。"学"是学习一般文化知识、专门进行思想品德教育的场所。"瞽宗"原是商人祭祀乐祖的

宗庙，后来发展成为商代贵族子弟学习唱歌、舞蹈的
场所，即所谓"以乐造士"。

商代乐器编钟

教师由国家职官担任，教育的内容包括宗教、伦
理、军事和一般文化知识。因此，在商朝已经具备了
比较完备的学校。

商代颇重礼乐教育，即所谓"以乐造士"。当时
有用作祭祀的场所"殷学瞽宗"，是乐师的宗庙。它
位于国都南郊明堂西门之外，故也称为"西学"。祭
祀时礼乐相附，瞽宗便逐步变为对贵族子弟进行礼乐
教育的机构。

商代崇尚天命，教育之中虽也包含道德因素，但
未分解出纯粹意义上的伦理道德教育。这种"德"也
只在于强化顺从天命和先祖意旨的观念行为。

商代教育活动充满神秘的宗教色彩，几乎无事不
占不卜。由此，与宗教有密切关系的数术，就成为殷
人教育的重要内容。商代的数术教育，实际是依附于
宗教占筮活动的。

当时的占卜已成为一种职业，不仅商王室的卜辞

占卜 意指用龟
壳，铜钱，竹
签，纸牌或星象
等手段和征兆来
推断未来的吉凶
祸福的迷信手
法。原始民族对
于事物的发展缺
乏足够的认识，
因而借由自然界
的征兆来指示行
动。但自然征兆
并不常见，必须
以人为的方式加
以考验，占卜的
方法便随之应运
而生。

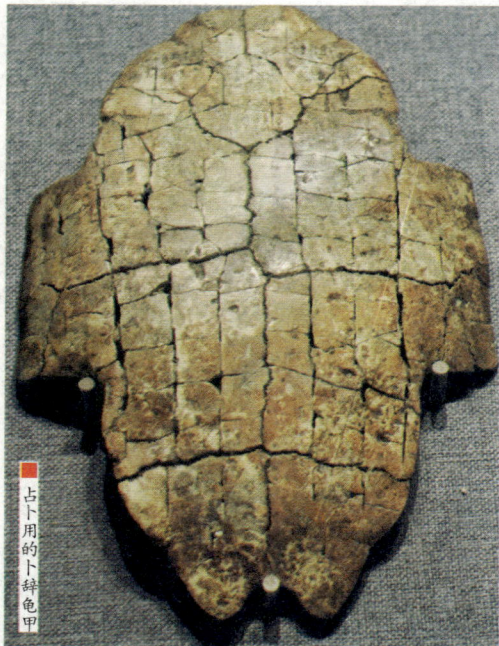

占卜用的卜辞龟甲

龟甲需要分类归档和专职管理，占卜活动本身也完全职业化了。巫者是掌握商代文化、文字、宗教占卜事宜的主要集团，他们所从事的每一项职业，都需要有严格的专业训练。

商代王室贡职者或称"臣"、"王臣"及"小臣"。他们大多数具有一技专长，或司主国家政权某一方面的要职，或具体分管某一方面的业务，都是一种经过一定专业教育的国家公职人员。

西周时期是奴隶社会发展到全盛的时期。它继承商代的教育制度，建立了典型的政教合一的奴隶制官学体系，包括官学、乡学和国学，形成了居于当时世界先进水平的六艺教育。

据《礼记》《周礼》等文献的记载，西周官学已有"国学"与"乡学"之分。国学设在王城和诸侯国都，分小学与大学两级；小学在城内宫廷中，大学在南郊；王城的大学称为辟雍，诸侯国的大学称为泮宫。

"辟雍"又分五学：居中者即以辟雍命名，也称"太学"；南面的曰成均，也称"南学"；北面的曰上庠，也称"北学"；东面的曰东序，也称"东胶"或"东学"；西面的曰瞽宗，也称"西雍"或"西学"。乡学则按地方行政系统，州设序，党设庠，闾里设塾或校。乡学的优秀生可以升入国学。

西周中期，政局趋向稳定，经济和文化获得空前的发展。教育方面逐渐增加政治、伦理的内容，要求提高文化教养的水平，形成了以礼乐为中心的文武兼备的六艺教育。

"六艺"由6门课程组成：礼，包括政治、历史和以"孝"为根本的伦理道德教育；乐，属于综合艺术，包括音乐、诗歌和舞蹈；射，射箭技术；御，以射箭、驾兵车为主的军事技术训练；书，书法；数，包括读、写、算基础文化课。

在六艺之中，礼、乐、射、御为大艺，主要在大学阶段学习；书、数为小艺，主要在小学阶段学习。礼、乐代表奴隶主阶级的意识形态，是决定教育的贵族性质的因素。乐的作用主要是配合礼进行伦理道德教育，礼重在约束外表的行为，乐重在调和内在的情感。射、御也渗透着礼、乐教育。

西周晚期，奴隶主贵族的统治开始动摇。至春秋时期，封建经济的因素不断发展，周天子失去"共主"的地位，贵族中的一部分向封建地主转化，士阶层兴起，贵族官学日即衰废，代之而起的是私人自由讲学，由此而展开古代教育的新局面。

阅读链接

《周礼》中教育人们，见到不同等级的人，不同的场合，要有10多种不同的磕头方式。连走路说话也都有章法。

比如在登上堂的时候，从东边上的话先迈右脚，从西阶上的话先迈左脚，每登一级都要稍停一下，让两足都在同一阶之后再登。登堂以后，由于堂空间比较狭小，所以不必趋，而要"接武"，就是后一步要踩在前一步的足迹之半的地方。如果手里拿着贵重的礼玉，那无论在堂上或是在堂下庭院，则不必趋，因为怕跌倒摔坏了玉。

春秋战国时期的教育

青年孔子像

　　孔子继承前人注重教育的思想，在30岁左右创办了私学，并开始招收弟子。孔子私学的开创，揭开了古代教育的新篇章。

　　子路是孔子的第一批弟子之一。他比孔子小9岁，拜孔子为师时二十一二岁。子路名叫仲由，子路是他的字。子路是卞这个地方的人，当地的人都说他是一个"野人"。

　　子路个头高大，性格粗豪，戴着一顶鸡冠似的帽子，上面还插着一支雄鸡的黄黑翎毛；衣襟上佩戴着公猪一样的饰物。这两样东西是古人用来表明自己是一个真正的勇士的标志性佩饰。

子路没有正经职业，喜欢戴着一身饰物到处游荡。他走在大街上，人们都要退避三舍。子路是个粗人，他听说孔子很有学问，就脱掉原来那一身装束，换上了儒者温文尔雅的衣服，来见孔子。

孔子问子路："你爱好什么？"

子路回答说："喜好长剑。"

孔子说："凭你的才能，加上学习，谁能比得上呢？"

子路说："学习难道有好处吗？"

孔子说："驱赶狂马的人不能放下鞭子，操持弓弩的人，不能丢下正弓的器具；木材经过绳墨作用加工就能取直，人们接受直言规劝就会通达；从师学习，重视发问，哪有不顺利成功的！"

子路说："南山出产竹子，不经加工，自然就很直，砍下来用它做箭，能穿透犀牛皮做的铠甲，为什么要学习呢？"

孔子说："把箭的末端装上羽毛，把箭头磨得更加锋利，箭刺入得不更深吗？"

子路施礼道："感谢你的指教。"

孔子与子路最初相见时的这段对话，表明孔子循循善诱、诲人不倦的教育思想。面对子路的疑惑和反问，他因势利导，语言简明而深入地纠正了子路的观点，让人无可辩驳。

孔子创办私学，是和当时的历史背景分不开的。

子路雕塑

私学 是古代私人开办的学校，与官学相对而言。私学产生于春秋时期，以孔子私学规模最大，影响最深。此外还有墨、道、法家。各个学派为了培养自己的人才，向各诸侯宣传各自的主张，求各诸侯采纳，以扩大政治上的势力。在学术上各家有长短。私学促成了战国时期"百家争鸣"的局面。

春秋战国时期，是我国社会大动荡、大变革的时期。西周后期"学在官府"的教育走向衰落，而适应新形势需要的新教育形式私学开始兴起。而"士"的出现，则是私学兴起，造成"文化下移"的社会基础。

"士"，是春秋时期新出现的社会阶层。士阶层中有文士、武士，也有能文能武之士。士最初是从奴隶主贵族游离出来的，有一些是属于平民阶级，也有一些是属于新兴地主阶级，以及获得解放的奴隶上升为士的。

周平王东迁时，王宫里的一些文化官吏流落到各地，比如宫廷中掌管礼乐的官吏纷纷出走，大乐师挚到齐国，二乐师干去楚国，三乐师缭到蔡国，四乐师缺去秦国，打鼓的方叔流落到黄河之滨，摇小鼓的武入居汉水附近，少师阳和击磬的襄移居于海边。

这些文化官吏由于失去了世袭的职守，流落于社会之后，成了古代历史上第一批专靠出卖知识糊口的士。其中有些人就做了私学的教师。后来，由于奴隶主贵族或新兴地主阶级都想增强自己的实力，就纷纷招贤纳士，士就成了他们竞相争取的对象，以至于在春秋初期就出现了"养士"之风。到了战国时期，

孔子读书画像

周平王（约前781—前720），东周时期第一代王。公元前771年，犬戎侵袭西周都城镐京，周幽王被犬戎杀死，太子宜臼即位。为避犬戎，把都城从镐京东迁至洛邑，史称"东周"。我国历史从此进入春秋时期。随着东周时期的政局变化，又细分为"春秋"与"战国"两个时期。

"养士"之风就更为盛行。

随着阶级斗争的深入，士阶层中有些人墨守成训，有些人则转变成为批判旧奴隶制、批判旧文化的思想先驱。士阶层产生、发展和分化的过程，同时也就是春秋战国时期私学产生、发展的过程。

春秋中期已经有了私学，至春秋末期，私学日益兴盛。儒墨两家的私学，是当时的"显学"。儒家学派是春秋时期在政治上、教育上影响都较大的一个学派，它的代表人物主要有孔丘、孟轲、荀况等。孔子在30岁时开始讲学，创办了儒家学派的第一所私学。

孔子平时在曲阜城北的学舍讲学，出外游历时弟子们也紧相随。由于他在社会上渐渐有了名声，弟子也就越来越多，孔子私学成了规模很大的教学团体。

孔子开办私学，主张"有教无类"。教育的对象，不分地区、不分贵族与平民，都可以入学。这一

显学 通常是指与现实联系密切，引起社会广泛关注的学问；相反，隐学则是离现实较远，不那么为世人瞩目的学问。我国历史上最早的显学，是春秋战国时期的儒家学派和墨家学派，这两个学派在当时百家争鸣的局面中影响最大。

■ 孔子讲学图

周公 姓姬名旦，又称周公旦，也称叔旦，谥"文公"。他是周代周文王的儿子，是西周初期杰出的政治家、军事家和思想家。他曾先后辅助周武王灭商、周成王治国。他制订和完善宗法、分封等各种制度，使西周奴隶制获得进一步的巩固。

主张适应了当时士阶层的兴起，顺应了文化下移的历史潮流，在古代教育史上具有重大的意义。

孔子私学的教育目的是"学而优则仕"，培养从政的人才。"学而优则仕"包含这样的意思，即不学或者虽学而不优，就没有做官的资格。孔子用它来补充世袭制，这一点对于奴隶制传统是有所突破的，对以后2000多年的封建教育产生了深远的影响。

孔子私学，以六艺作为教育的内容。这是儒家私学有别于墨家、法家私学的基本特征。孔子私学里主要的科目是"诗、书、礼、乐"，目的在于灌输奴隶主阶级的政治、道德思想，是为了恢复周王朝初期周公所指定的典章制度。

孔子私学所传授的也不都是宣扬奴隶主阶级意识形态的东西，其中一部分是关于自然科学的知识，如讲到动植物的形态、物性、栽培和饲养的方法等。

■ 孔子讲学图

孔子要求学生以"礼"来约束自己的言行，因而特别重视道德教育，而且积累了不少经验。首先是重视树立学生的道德信念，并予以感情的陶冶与意志锻炼，使之成为自觉的行为习惯。这在一定程度上，是符合道德教育的客观规律的。

在春秋末期，孔子私学的规模最大，存在了40多年，弟子3000人，"身通六艺者七十二人"。这是其他学派的私学所不及的。

孔子去世后，儒家分为八大派。在教育上影响最大的是孟子私学和荀子私学。他们站在地主阶级立场上，继承和发展了孔子的教育学说。

孟子私学是战国中期有很大影响的学派。孟子私学的教育目的是"明人伦"，因而特别重视人的内在能力的培养，主张发挥人天生的善性。把教育看作是人心内发的作用。孟子私学的这些理论和经验，成了

儒家 又称儒学、儒家学说，或称为儒教，是以奉信以孔子为先师，以"儒"为共同认可符号，各种与此相关、或声称与此相关的思想道德准则，是中华文明最广泛的信仰构成。春秋战国时期，孔子在鲁国讲学，以"诗、书、礼、乐、易、春秋"之六经为经典，奠定了儒家的最早起源。

教育先河

儒学天下

后世儒家教育的经典。

荀子私学是战国末期集大成的学派。荀子私学对学生要求很严格，教师有绝对权威，因而能够培育出像李斯、韩非这样在当时属于第一流的政治家和理论家。荀子私学非常重视传统文化知识的教育，因而在儒家经典的传授上，有着特殊的地位。西汉的许多经学大师，在学术思想上大多是渊源于荀子学派。

墨家学派在春秋末期及战国时期和儒家私学并称为"显学"。墨家创始人是墨翟，被称为"墨子"。墨家学派成员多数来自社会的下层，有些人直接从事生产劳动。

墨家私学是个严格而有纪律的政治团体和学派。墨家私学可以派学生去做官，但不能违背墨家"兼爱"、"非攻"的宗旨，否则随时将学生召回。墨家私学要求学生具有刻苦、耐劳、服从和舍己为人的精

稷下 战国中期，诸侯兼并战争加剧，齐国为实现"一匡天下"的理想，于齐都临淄稷门附近建稷下学宫，广招天下贤良博学之士到稷下学宫传道授业、著书论辩。稷下学宫的出现及其成就，不但是古代文化发展史上的一座里程碑，也是世界文化史上辉煌的一页。

■ 老子论道壁画

神。在墨家私学里，生产劳动、科技知识是主要科目，并且要求学生参加实际的生产劳动。

道家创始人是老子，道家私学主要有两派：一派集中在齐国稷下，称为"稷下黄老学派"，以宋钘、尹文、接予、环渊等为代表；另一派是以庄子为代表。他们都继承了老子的思想。

稷下黄老学派的学说经过荀子、韩非改造后，向唯物论方向发展，产生了积极的意义。

以庄子为代表的道家学派，则把老子"绝圣弃智"、"绝仁弃义"思想引向极端，庄子认为教育是桎梏人性的，应该取消。庄子消极、颓废的思想，对魏晋时期的教育发生了深刻的影响。

■ 商鞅雕像

法家学派的产生，与孔子的弟子子夏有关。孔子去世后，子夏到魏国，在西河讲学，弟子300多人，李悝、吴起、魏文侯等都是他的学生。战国中期著名的法家商鞅，就是李悝的学生。

法家代表人物商鞅提倡"耕战"，非议"诗书"，排斥"礼乐"，主张"燔诗书而明法令"，以官吏"为天下师"，"学读法令"。另一个代表人物韩非又发展了这些思想。法家学派的主张，实际上是取消了学校教育，以后的历史也证明了它是不可取的。

法家 通常情况下法家是指春秋战国时期的一个学派。主要代表人物有申不害、商鞅、韩非等。主张法制，反对礼治。另外，法家在古时候是指明法度的大臣。法家在古代与"方家"同义，都是指对书法家、画家等的尊称。

孟子像

春秋战国时期私学的发展，冲破了"学在官府"的旧传统，教育对象由贵族扩大到平民。同时，由于各家各派相互抗衡，又相互补充，形成了"百家争鸣"的盛况。这既促进先秦时期学术思想的发展，又培养出了大批的人才，各家各派大师辈出。孔子、墨子、孟子、荀子、韩非等是其中的佼佼者。

春秋战国时期的私学，在古代教育史上的重大贡献，还在于教育理论上的成就，尤其是儒家在教育理论上的贡献。儒家后学，总结了这一时代的教育思想和教育经验，撰写了《学记》《大学》《中庸》，阐述了教育的作用、学制的体系、道德教育体系、教学原则和方法、教师的地位等方面的理论，成为世界上最早的、自成体系的教育著作，奠定了古代教育的理论基础。

阅读链接

现在的学界一般认为孔子是第一位打破学在官府、开办私学的人。但有的史学家认为，孔子时私学已经比较繁荣，因此他不可能是第一位开办私学的人；老子先为朝廷教官，后在民间教学，具备了打破学在官府的条件；《史记》《汉书》等典籍都有老子在民间收徒讲学的记载。

但不可否认的是，孔子的"有教无类"、"因材施教"等教育理念，其影响是最为久远的。也许正是基于此，《中国古代教育史》上说，孔子"开创私学，建立了儒家学派。"

先秦儒家的道德教化

有一次，孔子的弟子曾参与父亲曾皙一同在瓜地里劳作，曾参稍不留神，斩断了瓜苗的根。曾皙看到儿子不知爱惜物力，做事不谨慎，举起手上的大杖就向曾参的背部打去。

曾参见父亲因自己做错事而生气，心里很惭愧，也不逃避，就跪在地上受罚，可身体承受不住，便晕倒在地，不省人事，过了很久才慢慢苏醒过来。

曾参刚睁开眼睛，就想

曾子耘瓜断瓜根

■ 曾父责子

琴 古代弦乐器，又称瑶琴、玉琴，俗称古琴。最初是五根弦，后加至七根弦。古琴的制作历史悠久，许多名琴都有可供考证的文字记载，而且具有美妙的琴名与神奇的传说。琴作为一种特殊的文化，概括与代表着古老神秘的东方思想。古琴目睹了中华民族的兴衰，反映了华夏传人的安详寂静、洒脱自在的思想内涵。

到了父亲。为让父亲安心，他欢欢喜喜地爬了起来，整理好衣冠，恭恭敬敬地走到父亲面前行礼，向父亲问道："父亲大人，刚才孩儿犯了大错，使得父亲费了很大的力气来教育我，您的身体没有什么不舒服的地方吧？"

父亲听了儿子的问候，又见儿子似乎没有什么大碍，也就放了心。

曾参退回了房间，拿出琴开始高声弹唱起来，他希望欢乐的音乐与歌声能传到父亲耳中，让父亲更加确认自己的身体无恙，可以安心。

听到这件事的人都很敬佩曾参对父亲的孝顺，可孔子很不高兴，对门下的弟子们说："曾参来了，不要让他进来。"弟子们有些奇怪。

曾参知道后，内心很是惶恐不安，先生如此生气，一定是自己有做得不好的地方，可仔细检点反省，却又不知道自己错在哪里。于是，他就请其他同学去向老师请教。

孔子对前来请教的弟子说："舜在侍奉他的父亲瞽瞍的时候非常尽心，每当瞽瞍需要舜时，舜都能及时地侍奉在侧；但当瞽瞍要杀他的时候，却没有一次能找到他。如果是小的棍棒，能承受的就等着受罚；

可如果是大的棍棒时，就应该先避开。

"这样，瞽瞍就没有犯下为父不慈的罪过，既保全了父亲的名声，舜也极尽自己孝子的本分。而如今，曾参侍奉他的父亲，却不知爱惜自己的身体，轻弃生命直接去承受父亲的暴怒，就算死也不回避。倘若真的死了，那不是陷父亲于不义吗？哪有比这更不孝的呢？"

弟子们一听，深受教育，都觉得先生说得正确，就把先生的话告诉了曾参。

曾参感叹地说："我真是犯了大错呀！"于是就亲自前来，很诚恳地向先生拜谢并悔过。

在先秦时期，儒家的道德教化思想中，孝道是实施教化最重要的一条。儒家的孝道是基于传统所重的

曾参　春秋末年生于鲁国东鲁。他16岁时拜孔子为师。他的修齐治平的政治观，省身、慎独的修养观，以孝为本的孝道观，影响我国2000多年，至今仍具有极其宝贵的社会意义和实用价值。他的著述有《大学》《孝经》等，后世儒家尊他为"宗圣"。

■ 孔子拒见曾子

教化 是一种政治、道德和教育三者有机结合的统治术。它把政教风化、教育感化、环境影响等有形和无形的手段综合运用起来，既有皇帝的宣谕，又有各级官员面命和行为引导，还有立功德碑、树牌坊、传播通俗读物等多种形式，向人们正面灌输道理，又注意结合日常活动使人们在不知不觉中达事明理。

血缘根基上的，这一根基早在西周时期就被重视并确立起来了。

古代道德教化的主调是由周公奠定的。周公为我国儒家教化理论奠定了两个理论基础：一是对血缘亲情纽带的重视；二是以情感为道德教化的核心，方法是熏陶、涵养、塑造。

周公的伟大之处并不仅仅限于倡导对亲情的重视，更在于制订了温文尔雅的表达血缘亲情的仪式，获得了濡染人心、教化人群的伟大功效。

至春秋时期，虽然出现了"礼崩乐坏"的局面，但此时血缘根基在家庭的稳定上仍是一个根本原则。因此，儒家仍然把道德的根基奠于亲情之上。

孔子的贡献是把孝悌与仁联系起来，认为孝悌作为自然的孝亲敬兄的情感，是道德意识的始点。正如他所说："孝悌也者，其为仁之本与！"意思是说，孝顺父母、敬爱兄长，就是仁的根本。

■ 孔子说教图

■ 孔子讲学浮雕

作为儒家的创始人，孔子继承前代重民教民的传统，开创性地将"仁"作为教化的核心，强调人道情怀。在孔子看来，仁德离我们并不是很远，只要需要仁德，那仁德就来了。仁是一种普遍的人道价值，其本质是爱。由此孔子开显了道德的大本大源。

围绕着"仁"这一核心，孔子不仅提出了以孝教化的主张，还充分肯定了榜样教化和音乐教化的力量，使儒家学派的教化思想更加丰富了。

在先秦时期儒家的道德教育理论中，道德榜样占据着异乎寻常的关键地位。儒家对道德榜样在道德教育中的巨大作用的深信不疑，在先秦时期的著作中常常可以看到。

譬如，孔子说："君子之德风，小人之德草。草上之风，必偃。"意思是说，上层的道德好比风，平

君子 特指有学问有修养的人。"君子"一词出自《易经》，被全面引用最后上升到士大夫及读书人的道德品质始自孔子，并被以后的儒家学派不断完善，成为中国人的道德典范。"君子"是孔子的人格理想。君子以行仁、行义为己任。《论语》一书，所论最多的，就是关于君子的。

王道 古时指以仁义治天下的政策。与霸道相对。儒家提出的一种以仁义治天下的政治主张。其他各家提出的所谓儒的仁义治天下，道的无为治天下等都是站在民间角度，为王创造的一种政治主张，即实现王道的不同方法。其目的都是保合诸夏，谐和万邦，驱除鞑虏。

民百姓的言行表现像草，风吹在草上，草一定顺着风的方向倒。

他又说："君子笃于亲，则民兴于仁；故旧不遗，则民不偷。"意思是说，君王对自己的亲眷忠厚深情，则普通人民就会因此走上仁德，只有这样古人的礼仪仁德才不会败坏遗失，民众才会不偷盗枉法。

他又说："德不孤，必有邻。"意思是说，有道德的人是不会孤单的，一定会有志同道合的人来和他相伴。

他还说："见贤思齐焉，见不贤而内自省也。"意思是说，见到贤人就向他学习，希望和他看齐；见到没有贤能的人，就要以他为反面教材做自省。

曾参也说过："吾日三省吾身：为人谋而不忠乎？与朋友交而不信乎？传不习乎？"

■ 孔子及弟子塑像

■ 周公制礼作乐

意思是说，我一日反省自己3次，为人做事忠诚不忠诚？交朋友有没有诚信？传授的学业是否不曾复习？曾子的这一点后来成为儒家学者进行道德修养的功课，称为"日课"。

这些言论表明，先秦时期儒家赞扬道德榜样在改变人心与行为方面的功效。他们确信，当道德高尚的圣人存在时，社会的混乱就不会长久持续下去。

在先秦时期儒家道德教化主张中，还特别强调用礼、乐等方法和手段来化民成俗，从而给人心以启发，使合于善。

早在周代，就用"雅"、"颂"音乐来强化严格的等级秩序，同时又收集、引导民间词曲，吸取民间情歌中有利的成分进行加工，为其朝廷管理工作服务。

周代的王道音乐依其功用可分为致鬼神、和邦国、谐万民、安宾客等，其中与宗教祭祀相关的音乐

周武王（约前1087—前1043），西周政权建立者。西周时期青铜器铭文常称其为斌王。他继承父亲遗志，消灭商王朝，夺取全国政权，建立了西周王朝。表现出卓越的军事、政治才能，成为了古代历史上的一代明君。

是王道音乐中最为盛大的，有祀天的、有祭地的，还有享其先祖的。在这些活动中，音乐被充分运用，发挥了它的恐惧修省、教化人心的作用。

至春秋时期，儒家提出"修身齐家治国平天下"的思想，主张用"礼乐"作为建立秩序、教化万民的基本途径，于此礼和乐的关系就变得亲近起来。孔子认为，乐曲的高下涉及乡风民俗的善否，所以，制礼作乐就不是普通之人所能措手的事。他认为，只有西周时期的周文王、周武王和周公具备这样的条件。所以孔子说，有其位无其德和有其德无其位者，都没资格制礼作乐。

乐产生于人心，却又反过来作用于人本身，将人陶冶、教化。乐的功能不仅在于对民的教化，教民辨别是非，而且可以用乐治国安民。比如王者引领贵族在特殊的时期特殊的场合，对他们施以教化，以王道之乐来引导他们向符合于王政的方向发展。

总之，孔子为传统的教化系统灌注了人类本源性的情感，并使之成为后世儒家道德教化文化的生命旗帜。对于锤炼中华民族的人格气质产生了深远而积极的重要影响。

阅读链接

子路曾经问孔子："听说一个主张很好，是不是应该马上实行？"

孔子说："还有比你更有经验、有阅历的父兄呢，你应该先向他们请教请教再说，哪里能马上就做呢？"

冉有也问这个问题，说："听说一个主张很好，是不是应该马上实行呢？"孔子却答道："当然应该马上实行。"

公西华问孔子为何答复不同，孔子说："冉求遇事畏缩，所以要鼓励他勇敢；仲由遇事轻率，所以要叮嘱他慎重。"

孔子就同一问题作出不同的回答，表明了孔子"因材施教"的教育方法。

秦汉时期是我国统一的中央集权制国家确立与初步发展时期，其文教政策过程经历了由秦代法治教育向汉代德治教育的转变，完成了一个华丽转身，由此奠基了其后古代社会文教政策的基调。

魏晋南北朝时期，官学及门阀家学虽然时兴时废，但尊孔崇儒学的汉化教育是其主流。隋唐时期，教育高度发展，尤其是在唐代，学校齐全，生徒众多，不仅儒家教化及经学成就非比以往，科技教育也取得了了显著成效，彰显了封建社会教育的繁盛景象。

承前启后

教化之风

秦代法治教化的政策

秦始皇画像

公元前215年的秋天，秦始皇第四次出巡。秦始皇乘着车辇，在文武群臣的护卫下，浩浩荡荡地从碣石向东北的仙岛前进。

随着均匀的马蹄声，秦始皇不觉沉入对往事的追忆中，他回想起自己幼年在邯郸时的老师，仿佛老人家就在眼前，虽说严厉，可令人钦敬难忘。

秦始皇想：我嬴政能有今日，其中也有他的一份功劳呢！

■ 李斯（约前284—前208），秦代著名政治家、文学家和书法家。在秦王政灭六国的事业中起了较大作用。秦王朝统一天下后，制订礼仪制度。李斯政治主张的实施对我国和世界产生了深远的影响，奠定了我国2000多年政治制度的基本格局。

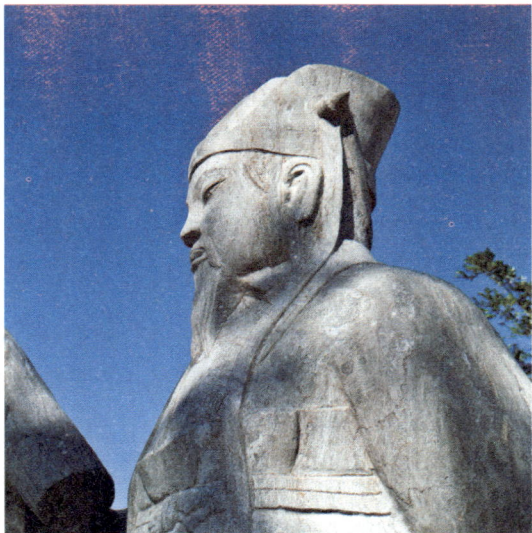

那位威严的老人第一次给秦始皇授课时，讲的就是舜帝赐给大家的姓。他给秦始皇先分别讲了"亡、口、月、女、凡"，然后再合成一个"嬴"字。第二天就要秦始皇背写这个字。

秦始皇说："老师，这字太难写了！"

老师说："什么？一个嬴字就难住了！将来秦国要你去治理，难事多着哩，能知难而不进吗？"说着就举起了荆条棍惩罚他。

秦始皇已多年没见过这位老师了，他听说老人家已经去世了。

突然，车停了。前卫奏道："仙岛离此不远，请万岁乘马。"

于是，秦始皇换乘了心爱的大白马。过不多时，便到了岛上。始皇环视渤海，胸襟万里，豪气昂然，更加思绪万千。待到他低头察看眼前时，忽然下马，撩衣跪拜起来。

随从的大臣们见此情景，莫名其妙，也只好跟着参拜。等皇帝站起身来，大臣李斯才问他为何参拜。

跪拜 跪而磕头。在我国的旧习惯中，作为臣服、崇拜或高度恭敬的表示。古人席地而坐，"坐"在地席上俯身行礼，自然而然，从平民到士大夫皆是如此，并无卑贱之意。只是到了后世由于桌椅的出现，长者坐于椅子上，拜者跪、坐于地上，"跪拜"才变成了不平等的概念。

秦孝公（前381—前338），战国时期秦国国君，谥号为"孝"。他重用商鞅实行变法，奖励耕战，并迁都咸阳，建立县制行政，开阡陌，在加强中央集权的同时，不断增进农业生产。自此国力日强，为秦统一天下奠定了基础。

秦始皇深情地说："众位卿家，此岛所生荆条，正是朕幼年在邯郸时老师所用的荆条，朕见荆条，如见恩师，怎能不拜！"

后来，人们就把这个岛称为"秦皇岛"。传说岛上的荆条为秦始皇敬师的精神所感动，皆垂首向下，如叩头答谢状。

秦始皇当上皇帝以后，还记得已去世多年的那位严格教诲过自己的老师，说明他有着尊师重教的良好修养，同时也在一定程度反映了秦王朝礼教的面貌。

秦国自秦孝公用法家思想为指导，实行变法后，就把"公"和"忠"作为最高的道德规范。由于变法的胜利，巩固了地主阶级的新秩序，所以自秦昭王起及至秦始皇统一全国，以血缘为纽带的宗法观念，逐渐被秦国管理者所重视。

秦简《为吏之道》记载：

为人君则鬼，为人臣则忠，为人父则慈，为人子则孝；君鬼臣忠，父慈子孝，政之本也。

这说明"孝"不仅已被承认，而且提到了与"忠"相辅的地位。

其实，秦始皇后，秦王朝推行的封建道德规范，主要不是以教育

■ 秦始皇蜡像

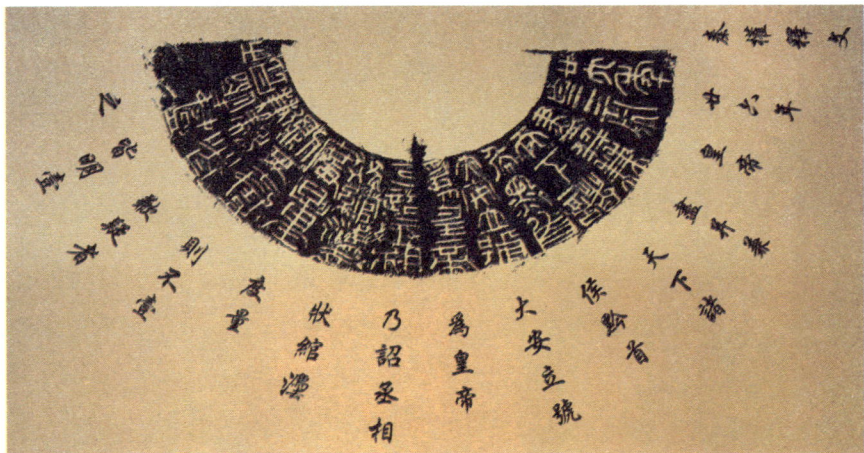

■ 秦篆

为手段，而是仍依法家的"立法化俗"的思想。事实上，秦王朝在政治、经济、文化教育上采取的所有措施，莫不与巩固统一有关，而其指导思想，主要来自法家的"一统"理论，其教化政策因此表现出鲜明的法家特色。

秦代在文化教育方面，将法家的法制思想发挥、推广到极端的地位，采取了"书同文"、"行同伦"、"设三老以掌教化"、"禁私学"等一系列文教政策，使文化教育为巩固中央集权服务。"书同文"、"行同伦"，这是秦始皇统一初年推行共同文字和规范社会伦理、行为习俗的教化举措。

秦始皇统一后，为了消除战国时期"言语异声、文字异形"的现象，丞相李斯建议秦始皇进行文字的整理和统一工作，将"大篆"和"古文"综合改造，减省笔画，使之简单易写，形成新的文字"小篆"，又称"秦篆"。

为了推动"书同文"在全国范围内的有效实施，

秦简 是战国时期的秦国及后来的秦王朝遗留下来的简牍总称，于1975年底在湖北省云梦县睡虎地的秦墓葬中出土。战国时期和秦代，书写主要利用竹木简，没有现在的纸张。秦简的发现对于研究秦的历史有着无法替代的重要作用，特别是对秦法律的研究，尤其重要。

秦始皇巡视蜡像

郡 我国古代的行政区划单位之一。始见于战国时期。秦统一天下设三十六郡，后汉起，郡成为州的下级行政单位，介于州刺史部和县之间。隋朝废郡制，以县直隶于州。唐朝道、州、县，武则天时曾改州为郡。明清称府。

秦王朝统一文字后，立即组织编写字书颁发全国。

秦代"书同文"的文教政策，不仅使汉字走向统一、规范化、定型化过程中迈出了关键性的一步，对古代文化教育的发展具有重大贡献，而且对维护政治上、思想上的统一，形成中华民族统一的文化心理也有不可轻视的作用。

为了使民众在行为上规范，秦始皇又推行了"行同伦"的治国政策，以整合统一后的各国民众。

"行同伦"的目的在于改变原来六国贵族的不同民俗、道德和思想，教化民众，使全国人民统一法度，统一思想。

这一政策虽属专制国家对民众强化管理的举措，但它进一步融合当时各民族的风俗习惯，对于形成中华民族的共同心理状态，增强民族凝聚力，也起到了积极的作用。

"设三老以掌教化"，这是对民众实施普遍的思想教化的政策。"三老"是一种乡官，是中央集权统治机构的基层组织中的官职之一。

公元前211年，秦国将分天下为36郡，郡下有县，县下有里、亭、乡。基本上是十里一亭，十亭一乡，乡设三老，掌管乡民法制教育、耕战教育和尊卑教育。三老由国家给予一定公职待遇。朝廷通过设置三老直接对一般民众进行广泛的法制教育和思想教化。三老与"行同伦"的政策相辅相成，构成从朝廷到地方的思想教化系统，巩固了国家的统一。

对于私学，李斯认为，必须由政治上的统一再推进到学术上的统一，否则异说横行，会危及并瓦解政治的统一。他指出，今天下已定于一尊，但各私家学派仍以自己的学说相传授，以标新立异为高，特别是"诸生不师今而学古，以非当世，惑乱首"，这是绝对不能容忍的。于是，李斯主张禁止私学。

私学是传播学术思想的途径，书籍是文化知识的载体，禁绝私学，就必然要取缔在民间收藏流传的各种文献典籍。为了达到禁私学的目的，秦王朝通过刑法来强制执行，加大了对文化教育领域的治理力度。

朝廷 在我国古代，被一些诸侯、王国统领等共同拥戴的最高统领者，从而建立起来的一种统治机构的总称。在这种政治制度下，统领者一般被称为皇帝。朝廷后来指帝王接见大臣和处理政务的地方，也代指帝王。

■ 李斯塑像

承前启后

教化之风

方术 方术有两种意思，一是指古指关于治道的方法；二是指古代用自然的变异现象和阴阳五行之说来推测、解释人和国家的吉凶祸福、气数命运的医卜星相、遁甲、堪舆和神仙之术等的总称。秦始皇信方士之说，派人求不死之药，终无结果。

秦代的博士制度也是秦代教育的重要内容。秦代没有设置专门管理教育的职官，与教育关系相对比较密切的，当推博士。博士官在战国时期已经出现，但尚无定制。秦统一后建立官制，博士才正式成为朝廷中的固定职官。

秦代的博士是指当时的博通古今之士。这些博士不专限于治六经，学术上有一专长即可得为之。秦代博士有不少是儒生，也有各种文学、方术之士。博士没有专职行政事务，他们作为专家、学者，主要起咨询、顾问的作用，都曾受秦始皇器重。

秦代博士是执掌《诗》《书》和百家之语的，与教育管理关系密切。秦代的焚书禁令不施于博士执掌的书籍文献，但在当时文化专制主义政策下，博士的讲学和学术研究受到一定影响。

吏师制度是秦代培养官吏的主要方式。吏师制度

■ 秦始皇与诸臣子雕塑

虽然渊源于西周时期"学在官府"的教育管理制度，但它的指导思想却出自法家的"以法为教，以吏为师"。秦代禁绝私学，士民唯一可学的只有国家的法令，教育者必然是执法的官吏。

李斯说："今天下已定，法令出一，百姓当家则力农工，士则学习法令群禁"。他又明确指出："若有欲学法令，以吏为师。"这些主张得到秦始皇的认可，成为秦王朝的一项基本文化教育政策。

■ 李斯书法刻石

秦王朝在统一六国之前，曾经在朝廷机构设有专门训练吏员的"学室"。《秦律》规定：

> 非史子也，毋敢学学室，犯令者有罪。

"史"即在朝廷机构中从事文字工作的低级文吏。由此可见，秦代很早就存在"学室"，入学的弟子必须是"史"之子，学习的目的是培养为朝廷服务的文化官员。

秦代还专门制订《除弟子律》，就学吏弟子的管理、任用办法作了具体规定。秦简有一篇《为吏之

《秦律》 秦代法律的总称。公元前356年商鞅变法时曾改李悝的《法经》为律，颁行秦国。公元前221年秦始皇统一天下后，将秦律修订，作为全国统一的法律颁行各地。秦二世即位后，又修订了秦朝的律令。《秦律》的律文涉及政治、经济、军事、文化、思想、生活等各个方面。

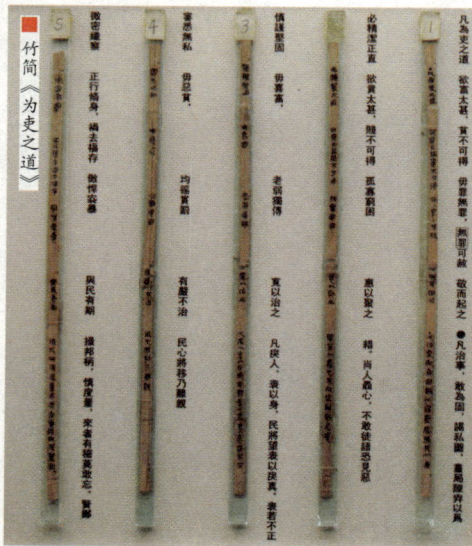
竹简《为吏之道》

道》，据有关学者推测，这可能是学室中供吏师弟子学习的文化课本和政治课本。

秦王朝在政治方面注重实效、功利，质朴而率直，不事虚浮，主动性极强；在教育方面不师古，不崇经，以法为治，以吏为师，同样具有鲜明的法家特色。

秦文化在古代历史上影响最为深远的，就是它的这种政治文化和教育文化。显而易见，由于秦代的教育政策及社会教化推行至极致，在大一统国家形态和大一统国家观念的秦文化中，占据着不可或缺重要地位。

阅读链接

秦始皇统一六国后，准备在公元前213年执行郡县制。这时，博士淳于越等人反对当时实行的"郡县制"，要求根据古制，恢复分封制，还拿出"祖宗之法不可变"之类的陈词滥调。面对淳于越等人的反对意见，秦始皇不但没有处罚他们，还让大臣们一起讨论这个事情。

丞相李斯驳斥了淳于越等人的观点，主张禁止百姓博士尤其是以古非今，诽谤朝政。同时，李斯又力陈郡县制的好处，最后讨论的结果仍然是执行郡县制。

秦始皇最终采纳了李斯的建议。

汉代德育教化的举措

　　西汉代初期年，朝廷为复苏社会经济，信奉黄老之学，实行"无为而治"的"休养生息"政策。这时的儒家尚未受到重视，但一些儒家学者却在积极宣传自己的主张，为以后汉王朝制订文化教育政策做了理论上的准备。

■ 陆贾与赵佗石刻像

董仲舒（前179—前104），西汉时期思想家，儒学家，著名的唯心主义哲学家和今文经学大师。他把儒家的伦理思想概括为"三纲五常"，汉武帝采纳了董仲舒的建议，从此儒学开始成为官方哲学。他的著作汇集于《春秋繁露》一书。

汉代初期儒生总结了秦王朝灭亡的历史教训，得出一个重要结论，即"取天下"和"守天下"的时势任务不同，管理者采取的治术也应有所不同。他们认为，秦王朝的灭亡，是一味执行法家路线造成的。

汉代初期政治家陆贾，提出"逆取而以顺守，文武并用，长久之术"的策略性建议。他认为对人民的领导，应以"教化"为主要手段，而不可单靠刑罚，因为刑罚只能"诛恶"，不足以"劝善"，"劝善"要靠教化。

汉文帝刘恒时，政论家贾谊继承陆贾的教化思想，进一步提出推行教化的关键是在各级官吏，因此主张"敬士"、"选吏"。选吏必须用士，用士之道则在于"敬士"。

■ 汉武帝画像

汉武帝刘彻时，经学家董仲舒把战国时期以来的各家学说以及儒家各派，在《春秋》公羊学的名义下融汇起来，建立了一套"天人感应"的唯心主义思想体系。他表达了独尊儒术的主张，他说：

《春秋》太一统者，天地之常经，古今之通宜也。今师异道，人异论，百家殊方，指意不同。是以上无以持一统，治制数变，下不知所守。臣愚以为不在六艺之科，孔子之术

者，皆绝其道，勿使并进。邪辟之说灭息，然后统纪可一，而法度可明，民知所从矣。

■ 董仲舒建言汉武帝

这段话，学界多年以来一直以"罢黜百家，独尊儒术"8个字加以概括。

董仲舒所总结的"罢黜百家，独尊儒术"的观点，得到了汉武帝的认同。汉武帝采纳了董仲舒提出的文化教育政策建议，并加以实施。

公元前136年，汉武帝下令置儒家五经博士，罢免其他诸子、传记博士，定儒术为一尊。公元前124年，又为五经博士置弟子员。此为古代太学之始。

自汉武帝始崇尚儒经，经学的昌盛，推动了学校教育的发展。至东汉时期，班固在《东都赋》中以"学校如林，庠序盈门"赞其盛况。

太学 我国古代的大学。太学之名始于西周。汉代始设于京师。汉武帝时，董仲舒上"天人三策"，提出"愿陛下兴太学，置明师，以养天下之士"的建议。其始设于京师。其后历时六七百年，是屹立在世界东方的第一所国立中央大学，对后世产生了深远的影响，堪称古代教育史上的奇葩。

两汉时期绝大多数皇帝，或在太子阶段，或在幼年即位之后，都有接受教育的经历。按儒家古制，太师、太傅、太保均为国君之师，合称"三公"。汉代君权大为强化，"三公"之职遂演化成最高的荣誉虚衔，而且不轻易授人，经常空缺。

皇帝经常聘请某些学者名流入宫给他讲授儒经，如桓荣、桓郁、桓焉祖孙三代，先后分别为东汉前期6个皇帝讲授《尚书》。

汉代的太子太傅及其副职太子少傅，仍保持着作为太子教师的身份和职责。太子太傅、少傅均由当世名儒或通才担任，例如叔孙通、张良、周勃、匡衡、师丹、桓荣等。这些人因当过太子的老师，极受尊崇，后来多有升至相位者。

除太子太傅和少傅外，其他学有专长者也可被皇帝派遣教授太子。如汉元帝时博士郑宽中以《尚书》授太子，博士张禹以《论语》授太子。

在自幼接受良好教育的基础上，汉代皇帝中好经学、能讲论者不乏其人。如汉明帝通《尚书》《春秋》；自撰《洪范五行章句》进行讲

汉代学生

授。经学已成为最高治国者所必须具备的基本素养，在太后代替年幼的皇帝督理朝政时，也要补习经学。

纵观两汉，学校制度分官学和私学两类：官学有朝廷官学和地方官学之分；私学又分经师讲学和书馆。

朝廷官学即太学。汉武帝时置博士弟子50人。博士弟子入学资格，一由太常选拔"年十八以上，仪状端正"者；二由郡国选送优秀者。汉平帝时，规定元士的子弟也可入学。东汉质帝时，又规定自大将军至六百石官吏都可送子弟入学。太学学生名额代有增益。西汉成帝时增至3000人，东汉顺帝时增至3万余人。

■ 授经图

东汉时出现了专门为贵族子弟设立的学校。66年，汉明帝为外戚樊氏、郭氏、阴氏、马氏的子弟开设学校，又称"四姓小侯学"，设五经师教授，均是选择"高能之士"充任。后来招生范围扩大到功臣子孙，连匈奴贵族也派遣子弟前来留学。

太学教师皆由博士充任。西汉时期以名流升任，东汉选博士要经过考试。太学以儒家"五经"为教学内容。

西汉末年，出现古文经与今文经之争。今文经以

五经 指儒家的五圣经，即《周易》《尚书》《诗经》《礼记》《春秋》。《易》教洁静精微，《书》教疏通知远，《诗》教温柔宽厚，《礼》教恭俭庄敬，《乐》教广博易良，《春秋》教属词比事。汉武帝立五经博士，儒教国家化由此谓开端，长期作为官方指定的教科书，对中华民族文化的发展至关重要、无可替代。

当时通行的隶书书写，古文经晚出，以战国时期古文字书写。同时，经文的字句、篇章及解说也有差异。今文经得到朝廷的支持，太学所准立的皆今文经博士。古文经只在民间私学中传授。

两汉时期，书籍甚少，学者难得，训诂句读皆赖口授，故博士讲经重视传授关系，形成师法和家法。比如某一经的大师，如得到朝廷尊信被立为博士，这个经师的经说便成为师法。弟子相传，又别为章句，便成家法，故一经有数家。两汉时期朝廷规定太学博士只能依师法家法传授，违背师法家法者则罢用。

太学博士的教学方式，除个别传授外，还由高足弟子转相传授和集合弟子"大讲授"等方式。

太学注重考试，西汉时期每年考试一次，其方式是"设科射策"，类似今日的抽签答问考试，分甲乙两科，以区别程度的高低。

汉代太学图

经过考试，一发现有下材或不能通一经者，即令退学。

东汉桓帝时，改为每两年考试一次，通过者授予官职，不能通过者允许继续学习。因考试甚严，又无学习年限的规定，故有太学生童年入学而白首空归者。

地方官学即郡国学，首创者为西汉景帝时蜀郡太守文翁。当时的蜀地文化落后，文翁为淳化民风，选派郡县小吏至京师受业于博士，研习儒经，学成归蜀，委以官职。文翁又在成都市中，修筑学舍，招收下县子弟入学。数年后，蜀郡为之一变，可与文化较发达的齐鲁之地媲美。

■ 汉代考试场景

汉武帝时，令"天下郡国皆立学校官"，郡国学日见推广。郡国学设郡国文学官充任教师，其别名有文学祭酒、文学师、文学掾、文学主事掾，郡国学学生则称文学弟子。

东汉时期郡国学更盛，不少郡守皆热心于创办学校。尤引人注目的是，除中原地区外，当时的边陲之地也办了学校。创办地方学校的目的，在于通过儒家经学来宣传孝悌仁义等封建道德，以改造民间风俗。

两汉时期地方学校，对地方文化水平的提高和中华民族共同心理的形成，起了积极的作用。经师讲学

文翁（前156—前101），西汉时期官史。汉景帝末年为蜀郡守，兴教育、举贤能、修水利，政绩卓著。文翁在蜀地兴办汉代地方官学，功德垂于青史，被誉为"古代教育史上一颗明星"。

郑玄 （127—200），东汉末年的经学大师，他遍注儒家经典，以毕生精力整理古代文化遗产，使经学进入了一个"小统一时代"。著有《天文七政论》《中侯》等书，共百万余言，世称"郑学"，为汉代经学的集大成者。后人纪念其人建有郑公祠。

是汉代教育的另一种重要形式。经师讲学，其中有居官教授，而大多数为一代名儒自立"精舍"，隐居教授。《汉书》《后汉书》的《儒林传》以及其他列传中，记载甚多。

东汉时期经师讲学之风更是盛况空前。一些经师鸿儒，及门弟子和历年著录的门生，常有数百、数千之众，乃至万人以上。求学者也不顾背井离乡，远行千里，负笈寻师。在私人精舍中，师生关系尤为亲密，学生对师长恭敬礼让。

两汉经师讲学之所以兴盛，一方面是受国家"以经术取士"的影响；另一方面私人讲学思想束缚较少。太学博士多专一经，墨守章句，少有撰述，而私人讲学常兼授数经。

东汉时期经师，有的不仅精通儒经，还兼及天

■ 华佗传授医学

■ 汉代讲学雕塑

文、历法、算学、律学等知识的传授。比如：何休"善历算"，郑玄通"京氏易、公羊春秋、三统历、九章算术"，郭躬通"小杜律"，钟皓"以诗、律教授门徒"。东汉时期，除经师私人讲学外，民间还有传授科学和技术的教育如名医华佗以"刳破"（外科手术）和针灸传授弟子。涪翁著《针经脉诊法》传于弟子。樊英、段翳、廖扶等精通星占、天文，皆传弟子。

两汉时期儿童识字习字的场所叫作书馆，也称"书舍"。书馆教师称为"书师"。当时练习的字书最早起于西周时期《史籀篇》，秦始皇时期，李斯、赵高、胡母敬分别编写《仓颉篇》《爰历篇》和《博学篇》，汉代初期民间书师将此三篇合一，统称《仓颉篇》。经西汉时期学者扬雄、东汉文学家班固等人的增删，至东汉时期编成《急就篇》，内容涉及农艺、饮食、器用、音乐、生理、兵器、飞禽、走兽、医药、人事等方面的应用字。

汉代儿童，八九岁即入书馆学习，年限不定。习完字书后，即学习《孝经》《论语》，以做学经前的准备。入书馆学习需交纳很多学

汉高祖刘邦画像

费，并非贫家儿童皆可入学。

汉代地方教化活动进一步制度化，地方官学的兴办，就是为了树立行为准则和典范，引导民众崇德、循礼、进学。汉代在边远落后地区兴办学校，起到了移风易俗的作用。

汉代选拔和鼓励贤才也是推进教化的重要措施。尚贤使能的作用并非只是为了朝廷有得力的人才可用，更深远的影响表现在它可以鼓励天下之人都来效法贤才，力求上进，从而改善社会风尚。

汉代通过"乡举里选"的途径来发现和荐举贤才已形成制度。选士的各个科目，既有一般品的要求，又有各自特定的学识和行为标准，对诱导人们修德、成才具有十分重大的作用。

但选士毕竟名额有限，非多数人所能及。汉代又设立了"孝"、"悌"、"力田"等荣誉称号。"孝"指孝顺父亲，"悌"指尊敬兄长，"力田"指努力耕作，这些都是以家庭为单位的小农经济社会条件下最基本的道德行为准则。而获此类称号者，享有免除徭役的待遇，还能获得朝廷赏赐。这些人一般仍在当地生活和劳动，因而对周围人的影响更大。

汉代从乡、县到郡国的行政机构中，都有专门负责教化的官吏，这就是"三老"。三老由当地"有修行，能率众为善"的德高望重者担任。

公元前205年，汉高祖刘邦下诏说道：

举年五十以上，有修行，能率众为善，以为三老，乡一人。择乡三老一人为三老，与县令、丞、尉以事相教，复徭戍。

就此将三老这一职掌提高到县一级层次上。至东汉时期又有郡三老和诸侯王国三老的置。

三老的具体工作，除随时对民众行思想道德教育外，"凡有孝子顺手贞女义妇，让财救患，及学士为民法者，皆扁表其门，以兴善行"。三老尽到教育民众循礼德、改善风化的责任，国家有表彰。

和孝悌力田一样，三老也是一种享受优待的荣誉称号，同时又负有教化乡民的职责。如果民风不正，则三老有失职之咎。自汉代始，教化之务已初步形成制度。

汉代在文化教育政策上，从汉代初期的推重"黄老之学"，过渡到汉武帝时期"罢黜百家，独尊儒术"宏观政策的正式确立，完成了一个历史性的大转变。从此以后，"独尊儒术"政策成为后世历代君主所奉行的文教总方针，对后世封建文化教育的发展产生了深远的影响。

阅读链接

汉代太学的教师均称为"博士"，即"五经博士"。始设于建元五年，也就是公元前136年。在此之前，博士原为通古今、备咨询的顾问官员。自太学设立后，开始成为专职学官，掌经学传授，同时亦参与政事议论或奉使以及巡视地方政教之类。

为了协调教学和管理，在五经博士中还设有一位"首席"博士，西汉时名曰博士仆射，东汉时改名为博士祭酒。而各门专经博士的人数与设置，则屡有变更和增加。汉武帝时设有7人，宣帝时增为12人，元帝时增为15人，平帝时又增为30人，至东汉初年，光武帝乃定为14人。

魏晋南北朝的官学

　　东汉末年，时局动荡，变化多端，官学的学制设置发生了越来越大的变化。尤其是到了魏晋南北朝时期，官学纷呈百态，难以划一；五胡诸国，南北六朝，自行其是，因势造置，学制方面也无一定成规。

　　魏晋南北朝时期形成的官学双轨体制，是由于门阀政治制度的进一步强化。当时的门阀士族在政治、经济、文化诸方面均占有独特的地

古代学生读书场景蜡像

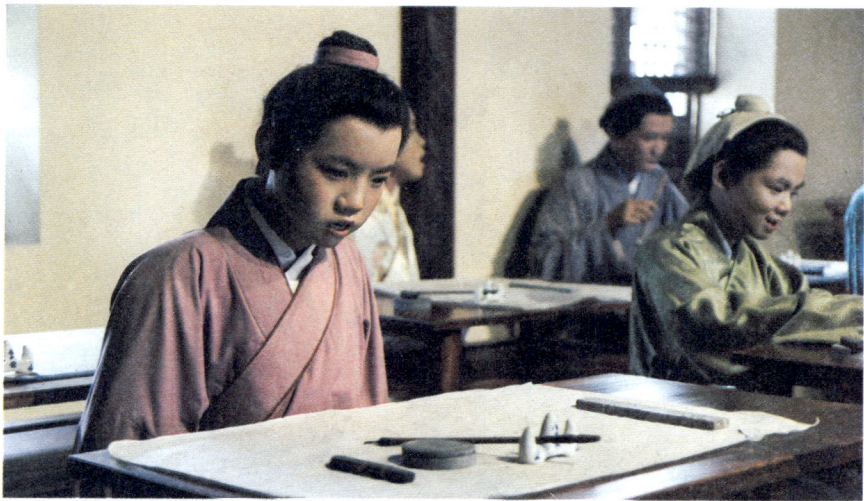
■ 古代学生学习场景蜡像

位，他们要求在现行的官学体制中扩大其文化优势，而现存的太学不能满足这种需求，于是，278年在太学之外另设国子学，从此太学与国子学泾渭两存。

国子学为贵胄学校，太学则专收六品以下庶族地主官僚及平民子弟。这种区分士庶贵贱等级的学校制度从此在形式上正式确立，并一直延续了1000多年之久，成为古代封建社会的基本教育形态之一。

魏晋南北朝时期士庶双轨的学校体制建立之后，其发展并不稳定。这一点，与门阀势力的消长有直接的关系。

东晋时期，经过多年的战乱，门阀士族势力遭到很大削弱，江左苟安之时，也未完全恢复，竟不能有效地控制国子学这样一小块专有的领地，以致庶族布衣竟不顾禁例，争跻于其间，高门大族虽讥讽国学生员混杂，并自恃清高，却又无法改变这种士庶争夺官学位置的现状。

门阀 门第和阀阅的合称，指世代为官的名门望族。门阀制度是古代历史上从两汉时期至隋唐时期最为显著的选拔官员的系统，其实际影响造成国家重要的官职往往被少数姓氏家族所垄断。唐代逐渐被科举制度所取代。

■ 鲜卑贵族

梁武帝 （464—549），名萧衍，字叔达，小字练儿。南兰陵，今江苏省常州人。南梁政权的建立者。在位达48年，颇有政绩，在位晚年爆发"侯景之乱"，都城陷落，被侯景囚禁而死。谥"武帝"，庙号高祖，葬于修陵。

晋宋时期，随着庶族地主势力的增强，其在教育领域，也多染指国子学。宋齐之间，国子学也兴废无常，劝课不广，其教学成果远在一般学校之下。梁武帝曾经开置五馆，已是不分士庶，广招生徒，而国子学虽然并存于世，其规模及影响竟远在五馆之下。

北朝时期官学最初未分双轨，北魏时期道武帝建都平城，先立太学而无国子学，后来增设国子太学，其时生员贵庶混一，而且学制未分。

明元帝在位时，将国子学改称"中书学"，另立教授博士，但学校设置仍未分立。至太武帝时方在平城以东别置太学，并征辟范阳卢玄、渤海高允等名士，拜为中书博士，兼掌太学、中书学之教。

但此时北魏时期贵族大体是指鲜卑拓跋旧部及北边部落氏族贵族而言，尚未归化于魏晋以来传统的门阀政治范畴之内，至太和改制时期，鲜卑贵族才逐步门阀化，并确定了族姓等级制度。与此相适应，北魏时期官学适应门阀制度的需求，正式确立了士庶双轨的体制。

后来北魏时期边镇将领拥兵起事，从此，门阀大族多于战乱之中颠簸离散。因此，从北魏孝明帝后期开始，士庶双轨的官学体制已名存实亡，终至隋代也未曾改观。

魏晋南北朝时期，州郡学校制度的建立和完备，主要是在十六国时期的后赵和北朝元魏政权中完成的。南朝的宋、齐、梁、陈虽有地方官学与中央官学并行于世，但没有形成常规。

北魏时期基本统一了北方后，加快了鲜卑族汉化的进程，并重视恢复和发展朝廷及地方学校教育，以此作为汉化政策实施的重要组成部分。

466年，北魏献文帝拓跋弘制订出古代第一个郡国学制模式，其内容包括：

承前启后 教化之风

鲜卑 鲜卑族是继匈奴之后在蒙古高原崛起的古代游牧民族，是魏晋南北朝时期影响最大的少数民族。属阿尔泰语系通古斯语族，兴起于大兴安岭。鲜卑族起源于东胡，在秦汉之际，退保鲜卑山，以山为号。隋唐时期，鲜卑作为民族实体和政权实体逐渐减弱，融入其他民族之中。

■ 古代学生学习场景蜡像

学校的规模与设置，按诸郡的大小分级排列；教师的录用标准；学生的录取标准与次序。

北魏时期天安学制的公布与实施，标志着古代郡国学校教育制度的建立，从此，地方教育改变了先秦时期相对独立于官方之外的状态，开始在行政、设置及教学内容等方面逐步地增加了官方统一控制的比例，这也是封建专制文化建设日趋发展的必然后果。

北魏时期，历朝地方官学体制的设置，虽在形式、内容等方面略有损益，但基本制式和性质大体不变。因此，北魏时期天安学制模式是古代封建社会地方官学的基本模式。

值得一提的是，天安学制强调儒家经典和恢复名教的地位，也反映了北方地区经历了十六国战乱之后，重建封建生活秩序、恢复儒家伦理观念的历史要求。这一要求，无疑也是推动社会文化建设的动力之一。

■ 私学教育雕像

魏晋南北朝时期官学的学校种类有所扩大，学科内容也更加丰富。这一点，与魏晋南北朝时期丰富活跃的社会文化现状有直接的关联。就学校种类而言，由于突破了秦汉时期以来单一的太学模式，魏晋南北诸朝时期官学类型不断分化扩大。其数量也因势消长，绝非两汉之常规所能囿限。

这一情况同当时学术文化的活跃状态、不同社会阶层对文化教育的多方面需求，有直接的关系；同时，胡汉文化的融合、帝王的雅好、国家政策的调整及和平环境的产生，均成为推动官学改进的力量。

■ 梁武帝画像

五胡十六国时期，后赵于太学之下，又设宣文、宣教、崇儒、崇训等小学19所，后秦除太学、国子学之外，又设逍遥院，专门从事佛经的研究与教学；同时，还在长安创建律学，召郡县散吏，教授有关刑狱方面的专门知识，这是古代最早的刑律学校。

宋文帝元嘉年间，设置玄学、史学、文学、儒学四馆；宋明帝时期又设总明观以统儒、道、文、史、阴阳五部学。当时儒、道、文、史、阴阳诸单科学校，属于综合性的研究学院，从而开创了古代综合大学与研究院合为一体的先例。

南朝齐国时间最短，但也广开武校，并置学士馆，其办学形式，也有独到之处。梁武帝在位期间，除置五馆教授五经之外，又置集雅馆，以招远学；又

阴阳 源自古代中国人民的自然观。古人观察到自然界中各种对立又相联的大自然现象，如天地、日月、昼夜、寒暑、男女、上下等，以哲学的思想方式归纳出"阴阳"的概念。早至春秋时代的易传以及老子的道德经都提到阴阳。阴阳理论已经渗透到中国传统文化的方方面面，包括宗教，哲学，建筑等。

四门小学 国立学校名。北魏孝文帝于496年置四门小学博士，专门面向皇族子弟的皇宗学。作为皇宗学的延续，四门小学在北魏末期并没有真正发挥作用。北齐时期循北魏时期制度，设国子、太学、四门学，至唐代四门小学逐渐演变为大学性质的中央学校，不再针对宗室子弟，转为面向低级官僚子弟及一般百姓。

■ 古代儿童学习雕塑

建士林馆，广纳学人。

北朝时期官学，多承汉魏遗风，兼采江左风情，而又自成一体。北魏官学除太学、国子学之外，又开皇宗学和四门小学。

皇宗学的建立，把皇室子弟的教育正式纳入到官学教育体系之中，是对先秦时期朝廷保傅教育的重大改革。这一改革的成果，也说明对于皇室子弟进行汉文化教育，是太和改制期间的一项重要的政策措施。

四门小学的设置，虽然没有详细的史料说明其内容，但确实开创了古代四门学的先例，当是一种庶人教育的初级学校。同时，北魏时期伴随佛、道势力的消长，一度设置崇玄署，这虽然不属学校类型，但也内设仙人博士，专掌道教礼典与研究。

此外，北魏时期还设有太史博士、律博士、礼官博士、太医博士、太卜博士、方驿博士，这些博士虽不尽以教学为专职，但多于常职之外，兼负传授专业知识，培养专业人才的职责。这种现象是古代职业技术教育的主要官方形式，被隋唐时期以来历代承袭。

北周时期官学的设置，带有明显的复古倾向，并对魏晋时期的传统给予大胆的否定。以皇室子弟学校为例，即完全仿照《礼记·内则》建制：虎门学为天子路寝之门学，也即内学；路门学则为燕朝之外的路门之学，相当于西周的门塾之学，也即《内则》所谓的"外傅"之学。这种完全模仿西周旧典的学校建置，也是北周时期管理者标榜自我承运西周正朔、服色，强化正统地位的政策内容之一。

魏晋南北朝时期官学种类的分化与学科内容的扩大，具有混合一体的关系，即学校的设置与学科的设置，尚未分解成两个独立的，或相互包孕的概念；在这种意义上，一个新学科的建立，就意味着同一专科学校的出现。

■ 古代学生学习场景塑像

正朔 汉武帝时候和太初历直至今天的夏历，都用夏正。古时改朝换代，新王朝常重定正朔。虽然汉以后朝代很少改正朔，但改年号，颁历法仍然是天子体现皇权的重要手段。旧时称历书为皇历，盖因历书必由皇帝所颁。直至近代，历法正朔，仍被视作是政权的标志。

齐武帝（440—493），即萧赜，字宣远，小名龙儿。他是齐高帝萧道成的长子，母昭皇后刘智容，南北朝时期齐朝第二任皇帝，482年至493年在位。493年，齐武帝去世，终年54岁，庙号世祖，谥号为武皇帝，葬于景安陵。

■ 宋文帝画像

学校类型和学科门类的扩大，反映了魏晋南北朝时期学术文化事业多方面发展的成就，也体现了当时文化学术的多元性特色，促进了社会文化事业的进一步发展。同时，也为完备的唐代官学体制和学科文化建设，奠定了历史基础。从这种意义看，魏晋南北朝时期实为古代官学的飞跃发展时期。

魏晋南北朝时期，官学的经营和办学手段具有多样性的特点，为后世官学教育提供了各种有益的先例。官学经营颇具特色的主要有后赵、宋、齐、梁和北魏的官学。

后赵石勒有功于教育者，一是扩大了小学的名目，反映其办学形式的多样化；二是颁定了郡国立学的诏令；三是采用了分科教学的形式。

南朝时期宋文帝崇尚文治，元嘉兴学，设置四学，不拘常规，因人而立。这种办学形式，可谓对教师迁就备至，既有礼贤下士的因素，但也反映了当时办学观念的灵活多样。

南朝梁武帝办学也颇具有特色。梁武帝所设五经博士，本为汉魏传经，但不同的是，梁武帝将五经分设五馆，这是古代官学史上最早的经学专科学校，在办学形式上也大大突破了汉魏旧学

■ 古代私塾

模式。

齐武帝于485年兴学，因世家大族出身的国子祭酒、临沂王俭精通礼学，谙究朝仪，遂省总明观，将学士馆开办于王俭家宅。这种门阀家学与官学合流的形式，在古代官学史上也是独一无二的。这种现象，在一定程度上反映了南齐官学的衰败和门阀家学对官学的兼并。

北魏时期办学是其汉化政策的重要组成部分，与此相应，北魏时期官学也以此政策为办学宗旨。比如为学生授官品之待遇，就反映了北魏时期办学并不完全拘于汉学的传统，因势而设，注重实际的特征。

魏晋南北朝政权，虽然多是在战乱中建成的，但

礼学 是自古至今一切关于礼的学术活动的总称，是以礼为研究对象的一个专门的学术。礼学跟我国传统的哲学、宗教、政治、道德等学术互相交叉，互相渗透，同时又相对独立，具有独特的基本范畴和自成体系。对我国传统的经学或儒学而言，礼学是它们的核心组成部分。

仍然将视学、养老、释奠作为官学的古老传统，其宗旨在于昌明政教法令，显示帝王养贤尊德、重视文教的意愿，对全国教育的发展具有法定的指导和示范作用。

晋代诸帝多躬讲《诗》《书》《孝经》《论语》，亲临太学释奠祀孔。南朝宋文帝也重视释奠、视学礼仪，并因袭晋制，由太子释奠国子学，讲授《孝经》。

其后，齐、梁、陈诸朝朝廷，也多有视学释奠活动。北魏朝廷十分重视养老、释奠礼仪以此标榜名教，倡励儒学。

这一时期视学、释奠、养老活动的频繁举行，既反映了当时政局变化多端的一个侧面，也正反映了管理者力图拨乱反正，重建儒家伦理秩序的努力。从中也能看到：魏晋南北朝时期在一定程度上保留并恢复了汉代"以孝为本"的伦理教育传统。

总之，魏晋南北朝时期的官学，逐步形成并确立了中央官学的双轨体制，郡国学校制度逐趋完备，学校种类和学科门类扩大，办学形式灵活多样、不拘常格，重视国学的视学、养老及释奠礼仪。这些发展变化，上承秦汉，下启隋唐，在古代官学史上具有一定的意义。

阅读链接

北魏孝文帝拓跋宏，是北魏王朝的第六位皇帝，是一位杰出的政治家、改革家。他亲政后推行汉化改革，史称"孝文帝改革"。他的改革中有涉及习俗方面的内容：一是建行大典的明堂，开办太学，征求典籍，并定礼乐；二是在洛阳建立国子太学，四门小学，大兴儒术，重用儒生，以爵赏奖励学士。

孝文帝的汉化改革，使鲜卑族的血统、宗教、言语、风俗，和习惯等，从此彻底溶入于汉族的集团中，对各族人民的融合和发展起了积极作用。

南北朝时期的家学

　　门阀家学大体为门阀政治的产物，而家学本身又有其独特的历史渊源；两者的合流，起始于汉代末期，成形于魏晋时期，至南北朝时期则趋于鼎盛，并渐次衰落。

　　魏晋之初的世家大族，大多为汉代末期的儒学高门。故其家学世业，也与此有血脉承传的联系。

　　如西晋颍川荀氏，其家学世传，上承汉末大儒荀爽，子孙世传学业，为西晋儒学高门。再如汉末大儒范阳卢植，其后代以儒学标榜门户，其孙卢钦为西晋名儒，直至北魏，范阳卢氏仍为当世儒学大族。

　　此外，如东海王氏、河东卫氏、清河崔氏、博陵崔氏，均为汉代末期以来以儒业显贵的门阀大族。其中，东海王

卢植画像

氏家学流布最为深远，直至南朝梁世，仍为最显贵的门阀大族。除此之外，起家于东汉末年的泰山羊氏；起家于魏晋时期的阳夏谢氏，河东裴氏，均以儒学高门传世，前后达数百年之久。

门阀家学的存在，旨在维系家族的世代特权和优越的文化地位。其对学术文化的世袭垄断，不利于学术的发展和更新，不过，借助血缘的纽带来延续学术文化的生存，并利用家族血缘的网络来构筑某种封闭性的文化堡垒，正与封建的家族政治相适应。

与此同时，因其是在动乱之中，利用家族的权力及稳定性，保护和延续学术文化的有效手段。而一旦经历了动乱之后，门阀家族的特权削弱、家族的观念淡薄，出现了有利于学术文化自由发展和生存的社会环境，在乱世之中一度仰赖门阀家学保存的学术文化，就会成为全社会范围内学术文化全面升华、融合的重要源泉。

魏晋南北朝时期门阀家学的发展，正是经历了上述的过程。在历经治乱更替的几百年中，旧的世族集团在乱世之中衰落，一旦政局初见平宁，又在旧的废墟中滋生出新的世族集团，而旧世族或在动乱中绝户，或者重振门户。门阀家学也相应地发生着类似的变化，一些旧的门阀家学衰落甚至绝传了，而新的门阀家学又滋生出来。

古代儿童学习场景

古代学生蜡像

在这种新旧兴废更替的过程中，门阀家学经受了社会风雨的洗礼，社会化的因素，不断扩大，并最终演化成为社会大文化的有机成分之一，而将家族文化与社会文化分离开来的那种血缘性隔膜也日渐融化。

魏晋南北朝时期门阀家学的内容颇为广泛，其形式和特色各异，但总括而论，有以下几方面的内容或特色：

第一，门阀家族大多重视肃整家风，倡导忠孝为本的伦理观。比如，临沂王昙首为汉魏时期世代显赫的名门大族。仕宋官至太子詹事、侍中，其门户之内，雍雍如也，手不执金玉，妇女不得为饰玩；兄弟分财，唯取图书而已。再如，北魏时期博陵崔挺为魏晋时期的门阀大族，世尊儒家"重义轻利"价值观。据说他的家族"三世同居，门有礼让"。后因频遇饥年，兄弟分家，彼此推让田宅旧资，争守墓田而已。

第二，儒学高门多以专经世传。诸如：西晋时期河东大族王接，世修儒史之学，尤精于礼传；会稽人贺场，为晋司空贺循的玄孙，其祖贺道力，精通《三礼》，其后子孙传习《礼》学，并视之为家业。

第三，多有专守一技之长，而为世业。诸如：南朝时期宋琅琊大

玄学 又称新道家，是对《老子》《庄子》和《周易》的研究和解说。产生于魏晋。是我国魏晋时期出现的一种崇尚老庄的思潮。与世俗所谓玄学、玄虚实有不同。玄学即是研究幽深玄远问题的学说。魏晋时人注重《老子》《庄子》和《周易》，称之为"三玄"，而《老子》《庄子》则被视为"玄宗"。魏晋玄学主要代表人物有何晏、王弼、阮籍、嵇康、向秀、郭象等。

■ 王筠画像

族王淮之，自高祖以来世任朝职，曾祖王彪之任职尚书令，练悉朝仪，从此家世相传；南齐时期傅琰有治县谱，子孙相传，不以示人。类似的事例不胜枚举。大体家学所传，有家世史官者，有祖传医药者，有世习天文数术者，有父子并有琴书、丹青之艺者，也有书法、篆刻世家者。

第四，由于佛教、玄学的影响，南方门阀家族，也多成为文学玄谈之渊薮。如江南望族出身的张镜，其祖辈多以才学擅名，张氏兄弟5人，时称"张氏五龙"。张镜仕宋官至新安太守，名儒颜延之听其言谈清玄，深为心服。其侄张绪，被名儒袁粲赞有正始遗风。其家族中人张邵，张敷父子，好玄言，常常与名士宗少文谈论。自晋代末期，吴国张氏，累世显贵，并以玄谈擅名，奉佛著称。

至于文学世家，则有梁时彭城刘孝绰，其辞藻文章，多为后进所宗，兄弟、诸子70余人，并能属文。还有琅琊临沂大族王筠，为汉魏时期名儒王朗、王肃的后代，累世以文才辞赋擅名。

值得注意的是：门阀家学在南北朝时期，出现了两个明显的趋势：

其一是在传习家学世业的同时，广泛地吸收、博采众学之长，而不囿于祖业之旧学。比如，南朝时期宋大臣、著名天文学家、无神论思想家、名儒何承天，因其母为东莞大儒徐广之姊，幼承母训，得传徐广家学，同时广求名师，儒史百家，莫不尽览，并至庐山拜于慧远禅师门下。

又如，北魏赵郡李孝伯，其家族世传《郑氏礼》《左氏春秋》，李孝伯在少时传父业的同时，又博综群言。这种博学众长的风气是门阀家学得以更新的重要动因。

其二是门阀家族素有广集图书的传统，这使得门阀家学得以广泛地吸收古今社会文化的学术精华，并进一步社会化，开放化，同时也有利于保存学术文化遗产。比如，梁时王僧孺，出自名门大族，为汉魏名儒王肃的八世孙，嗜好坟典，聚书至万余卷，笃志精力，于书无所不览。

在门阀中人，类似王僧孺的藏书大家，为数甚多，不胜枚举。这种丰富的藏书，为士族子弟提供了优越的读书条件，这也是门阀家学得以兴盛并世传不绝的重要原因。

门阀家学至南北朝后期渐趋衰落，但其根底虽败，学业犹存，并逐步与官学及社会范围内的私学合流，成为集大成之学的隋唐时期文化教育的重要源泉之一。

阅读链接

北魏时期官员崔挺尊奉儒家重义轻利的价值观。他在地方任职时，掖县有个人，年过90岁，脚踏板舆来到州治。自称少时曾经充任林邑吏卒，得到一块美玉，4寸见方，很有光彩，自己把它藏在海岛，至今已有将近60年了。今天欣逢清明之治，自己愿意把它奉献官府。

崔挺派船随他去取，这块宝石果然光彩照人。但崔挺说："我虽然德不比古人，还是不能以此玉为宝。"最后不肯接受，上表把玉送到了京城，被时人赞为两袖清风的楷模。

隋唐时期的儒学教化

隋唐时期儒学教化的发展主要表现在教化制度的创立方面，其足以影响后世教育的发展。

隋文帝杨坚非常重视振兴学校。为了管理各级各类学校，他曾特设国子监，作为教育的行政领导机构。国子监初名"国子寺"，593年改为"国子学"，607年又改为"国子监"，从此一直为后世所沿用。

■ 隋文帝杨坚（541—604），隋朝开国皇帝，谥号"文皇帝"，庙号高祖，尊号"圣人可汗"。他统一天下，建立隋朝，社会各方面都获得发展，形成了辉煌的"开皇之治"，使中国成为盛世之国。隋文帝时期也是人类历史上农耕文明的巅峰时期。

在当时，国子监设祭酒一人总管国家教育事业，在行政上不隶属太常寺，是独立的最高教育机构。通常，在祭酒之下设主簿、录事等专职人员，负责统领各级各类官学。可以说，这是古代历史上首次设立的专门教育行政部门，也是专门设置教育负责官员之始，在古代教育的历史发展中，这是个了不起的进步。

在国子监控制下，首先发展健全的是以国子学为首的中央官学系统。除有传统的国子学、太学、四门学外，隋代首创了书学、算学和律学等专科类的中央官学，形成了所谓的"六学"系统。

■ 隋文帝雕塑

开皇初，隋文帝颇为倡导文教，设国子寺，使强学待问之士毕集，京城聚集的人来自四面八方，负笈追师，不远千里，其中以齐鲁赵魏学者尤多，其讲诵之声，道路不绝。

隋文帝晚年，转而喜好刑名说，同时又发现国学虽然学生颇多，但徒有名录，空度岁时，在601年废天下学校，只存国子学一所，有学生72人。

隋炀帝杨广即位后，复开庠序，使国子学和郡县学之盛超过了开皇初年，形成了隋代第二个兴学高潮。在当时，远近儒生纷纷前来，并被组织起来互相

刑名 战国时期以申不害为代表的学派。主张循名责实，后人称为"刑名之学"。韩非把名辩学与法治紧密地结合起来，并使名辩学成为他建立和论证法、术、势相结合的法治理论的工具。是我国传统文化的有机组成部分，对当时的社会产生了重要的影响。

辩论学术问题。一名高级官员给他们排列名次，上报隋炀帝。因此许多寒士得以重振门庭；典籍研究盛极一时，南北的传统兼容并包。古代的典籍都被注疏。

隋炀帝时的藏书量是古代历代最多的，大兴城和洛阳建有大藏书殿，而最终的成果则是规模宏大的秘书省，在洛阳藏有珍本，藏书总数达37万余卷。

随着士族门阀的衰落和庶族地主的兴起，魏晋时期选官注重门第的九品中正制已无法继续下去。隋文帝即位以后，废除九品中正制，开始采用分科考试的方式选拔官员。隋炀帝时，正式设立进士科，典定科举制度，古代科举制度正式诞生。这是古代历史上极其重大影响极其深远的大事。

当时的进士科以考政论文章为主，选择"文才秀美"的人才。《通典》一书中说隋炀帝优先考虑的是个人的品质而不是文才。他注重个人品质的选拔人才的政策，为唐代初期培养了大批的强毅正直的人才。

唐代初期，便大力发展文教事业。唐高祖李渊即位时即下令国子置生72员，取三品以上子孙；太学置生140员，取五品以上子孙；四门学置生130员，取七品以上子孙。在地方官学中，将郡县之学分为

九品中正制 又称"九品官人法"，是魏晋南北朝时期重要的选官制度，是魏文帝曹丕为了拉拢士族而采纳陈群的意见所创。此制至西晋时期渐趋完备，南北朝时期又有所变化。它上承两汉时期察举制，下启隋唐时期之科举，在古代政治制度史上占有十分重要的地位，是封建社会三大选官制度之一。

■ 隋炀帝杨广像

三等，上郡学生60员，中下郡则各50员；上县学生40
员；中县30员，下县20员。至于对皇族子孙及功臣子
弟，还在秘书外省别立小学以教育之。

唐代学习场景

　　唐代教育制度的完备是在唐太宗李世民执政阶
段。唐太宗开展了全面的建设事业，在许多方面为后
世树立了风范，开辟了领域，被后世奉为治世明君。

　　在这一时期，唐太宗曾于627年在门下省置弘文
馆，聚《经》《史》《子》《集》4部书共20余万卷，精
选天下著名儒者虞世南、褚遂良、姚思廉等人以本官
兼学士，以褚遂良为馆主。馆中不仅讲论文义，商议
政事，还传授书法，教授经业。

　　639年，唐太宗在东宫设立了崇贤馆，也就是后
来改名的崇文馆。自此，在13年左右的时间里，在唐
太宗等人的倡导和支持下，基本上形成了唐代以"六
学二馆"为代表的官学体系。

进士 我国古代
科举制度中，通
过最后一级朝廷
考试的人称为进
士。是古代科举
殿试及第者的称
呼。意思是可以
进授爵位的人。
隋炀帝大业年间
始置进士科目。
唐代也设此科，
凡应试者称为举
进士，中试者都
称为进士。元、
明、清时期，贡
士经殿试后，及
第者皆赐出身称
进士。

■ 隋唐士子科举图

教育之本

历代官学与民风教化

国子监 是我国古代隋朝以后的中央官学，为我国古代教育体系中的最高学府，又称国子学或国子寺。明朝时期行使双京制，在南京、北京分别都设有国子监，设在南京的国子监被称为"南监"或"南雍"，而设在北京的国子监则被称为"北监"或"北雍"。

起初，唐廷尽召天下经师老德者以为学官，广建学舍1200区，大量增加学生员额。后又在屯营、飞骑等军事建置中设学舍，并由博士教授。高昌、吐蕃以及高句丽、百济、新罗、日本等也都积极派遣子弟前来求学，学生总额达到8000余人。

唐玄宗李隆基时是唐代学校兴盛的又一个高潮时期。719年，唐玄宗敕令州县学生选送"聪悟有文辞史学者"入四门学为俊士，那些贡举落选而愿入学者也可入四门学学习，这是后世贡举入监之制的滥觞。

在这一时期，唐王朝还规定了学生补阙的制度。比如国子监所管的学生由尚书省补，州县学的学生由州县长官补。

尤其值得称道的是，朝廷此时明确规定百姓可以任意设立私学，有愿在州县学寄读受业者即非正式的寄读生也可应允。在政策上为民间学术和教育的发展提供了有利条件，使不少学者从家学和拜师求教的私学中获取了许多可贵难得的学识。

718年，置丽正书院，置文学名士徐坚、贺知章、张说等人为学士，在修书之余亦行讲读之事，为后世书院教学提供了有益的经验。725年，丽正书院改为"集贤书院"，五品以上为学士，六品以下为直学士，待遇颇为优厚。

至739年，朝廷敕今天下州县于各乡里设立学校，择师而教授，使当时的学校由州县又进一步扩展到乡里，拓宽了教育的普及面。

唐玄宗为了支持学校教育的发展，曾在753年敕令天下罢乡贡之举，规定不经由国子各学及郡县学学习的学生不许参加选举。尽管这一规定在两年后取消，恢复了乡贡之制，但其影响是积极的，对学校教育的发展有促进作用。

隋唐时期主要实行崇儒兴学的文化教育政策，促进学校教育的发展。尤其是科举制的创立，是封建选官制度的一大进步。冲破世家大族垄断仕途的局面，扩大了官吏的来源，提高了官员的文化素质，大大加强了中央集权。因此，这一制度为历朝沿用，影响深远。

阅读链接

隋炀帝时，曾诏命天下诸郡绘制各地风俗物产地图，编撰《诸郡物产土俗记》131卷、《区宇图志》129卷、《诸州图经集》100卷。隋炀帝下令编撰的上述地方志书，规模宏大，既是承前启后的总结性著作，也是编撰全国性方志图经的开端，影响深远。

当时著名的地理学家裴世矩，在奉敕去张掖，管理西域商人交市时，收集了有关西域的山川、风俗等资料，撰成《西域图记》，书中有地图，有记述，还有穿着民族服装的各族人的彩绘图，是地理学名著。

隋唐时期的经学成就

在隋唐时期教育之中，经学是权威学科，其内容主要是儒家思想。所制教材与吏学、文学、语言文字、考据、训诂、伦理、教育等，均有极为密切的联系。

王通画像

隋唐时期学者明克让著《孝经疏》一部，辛德源撰《集注春秋三传》《杨子法言法》，萧威著《孝经》《周易义记》及《大小乘幽微》40卷，张冲著有《春秋义略》《孝经义》《丧服义》《论语义》等近30卷，牛弘修撰《五礼》，勒成百卷，刘焯撰《五经述议》等，为当时的经学教育提供了极为丰富的教学参考书或辅助教材。为后世的经学研

究和经学教育拓宽了发展之路。

在隋唐时期经学教育和研究中，涌现出了如马光那样的"三礼"权威和房晖远那样的"五经"名家，经学教育已具备相当的规模和水平。

隋唐时期，著名学者王通在私人教学中对经学有较大的发展。他曾仿照孔子的做法开展私人教学，著《续诗》36篇、《元经》31篇、《易赞》70篇，其弟子记其演说汇成《文中子》一书。

和以往的经学教育不同，王通的教学推重《易经》。他教育学生注意钻研和探讨天、地、人的本质和相互间的联系。其思想不仅在当时，而且对唐代末期、五代时期乃至宋元时期之学均有深远影响。

唐代以后，社会政治、经济、文化和科学等方

■ 讲经图

三礼 "三礼"记录、保存了许多周代的礼仪，其中，《周礼》偏重政治制度；《仪礼》偏重行为规范；而《礼记》则偏重对具体礼仪的解释，论述。由这"三礼"所涉及的各种礼制的总和，也就是礼"礼"的全部内容。"三礼"是古代政治制度的三部儒家经典，是古代礼仪制度的蓝本和百科全书。

面的振兴和繁荣都需要经学者进一步的发展。唐高祖时，诏置州、县、乡学，在国学立周公、孔子之庙，高祖亲事释奠之礼。

唐太宗为秦王时，便在秦王府设文学馆，招名儒房玄龄、杜如晦等18人为学士，共议天下大事。及即位，尊经学、兴教化，在弘文殿集4部书20余万卷，并在殿侧开弘文馆，以杜如晦、房玄龄、虞世南、褚亮、姚思廉、李玄道、蔡允恭、薛元敬、颜相时、苏敬、于志宁、苏世长、薛牧、李守素、陆德明、孔颖达、盖文达、许敬宗18人为学士，分班讲论经义及文史，评论朝政，每至夜分乃罢。

628年，唐太宗下诏罢周公祠，以孔子为先圣，颜回为先师，大征天下儒士为学官，规定学生凡通一经以上者，即任用为官吏，以显示其尊崇儒经、大兴文教的政策。

647年，又诏以历代经学家左丘明、卜子夏、公羊高、谷梁赤、伏胜、高堂生、戴圣、毛苌、孔安国、刘向、郑众、杜子春、马融、卢植、郑玄、服虔、何休、王肃、王弼、杜预、范宁、贾逵22人配享孔子庙庭。

这些举措，表示对历朝各派经学的普遍关注和兼容，为唐代经学的发展创造了一个较宽松的环境，在

■ 唐太宗李世民画像

诏 皇帝布告天下臣民的文书。在周代，君臣上下都可以用"诏"字。秦王政统一六国，建立君主制的国家后，号称皇帝，并改命为制，令以诏，从此诏书便成为皇帝布告臣民的专用文书。汉代承秦制，宋真宗时期废止不用，元代又恢复使用。

政策上避免了经学内部的分裂与争斗。

在倾听各家名儒的讲论之后，唐太宗为了将异说纷纭的经学统一起来，诏令国子祭酒孔颖达率诸儒撰定《五经正义》共180卷，后于653年颁行全国。其间，曾有国子博士马嘉运等对《五经正义》提出修改意见，使其书更加完善。自《五经正义》颁行之后，各级学校均以此为教材，每年科举考试也以此为标准答案。

作为教材，《五经正义》偏重训诂考据而轻视思辨和发挥，在一定程度上给教学、记诵、考试等带来便利，因此，在相当长的一段时间里，《五经正义》一直受到执政者的重视，在唐代乃至后代的经学教育和科举考试中一直占据独尊地位。

唐人在教材选择中反映出一种"务实"的和钻研的精神。如在"三礼"之中，《五经正义》首先选择的是历来不被重视的《礼记》。它的内容更接近日常的社会生活，包括礼节、礼义、礼制、日常生活守则、孔子及儒家言行、儒学论文、时令、史料及多方面的内容，内容广泛、语言朴实，适用面广。

其中的儒学精神更易为人们所接受，帮助人们具体细致地获取多

国子祭酒 古代学官名。晋代设，以后历代多沿用。为国子学或国子监的主管官。国子监是古代朝廷最高学府和官府名，传授儒家思想，其中最重要的礼仪就是祭祀，所以国子监的主管被命名为祭酒。

弘文馆 是古代官署名。唐代置修文馆于门下省，后改名弘文馆，聚书20万卷，为朝廷藏书之所，也为皇帝招纳文学之士之地。同时集聚人才，开拓文化，功不可没。

■ 古籍《礼记》

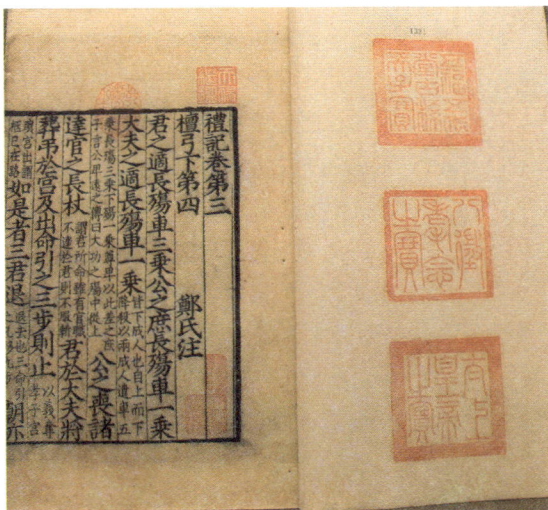

方面的知识，了解儒家对人生、理想、教育、生活细节等的思考。

唐代将《论语》《孝经》《尔雅》等儒学教材也抬到了"经"的高度。唐玄宗时已在"御撰"的《大唐六典》中规定，在教学过程中和科举考试时，均要重点考"五经"，并要求兼习《论语》和《孝经》。

至唐文宗时，朝廷任长于经术的郑覃为宰相，并奏议，刻"九经"文字于石，仿汉魏旧制，立石经于长安国子监，世称"唐开成石经"。

在唐文宗时，石经内容增至12种，除加入《论语》《孝经》而外，还增加了《尔雅》。这三部书入"经"，对唐代的经学教育有较大的推动。

在唐代执政者看来，作为孔子言论的《论语》和作为事亲忠君之本的《孝经》包括了儒学最基本的思想内容。加之此两书言简意明，篇幅较短，又不像"五经"那样难懂，粗通文字者便可习读背诵，有利于官方思想深入人心。

阅读链接

李世民爱尚儒教，属意文学，在解鞍歇马后特设文学馆，招揽天下文士，为治国平天下储备人才。他将孔颖达等18人授为文学馆学士，号称"十八学士"。"十八学士"都是当时经学通明、文采飞扬的优秀人物，李世民给他们优以尊礼。还令大画家阎立本为诸名士写真，大文豪褚亮题赞，高悬于凌烟阁，藏于禁中秘府。

李世民每当军国事罢，常引见学士，与他们讨论坟籍，商略前载。儒雅之风，旷古稀有；亲近之恩，百代罕及。因此时人称之"登瀛洲"。

隋唐时期的科技教育

隋唐时期在经济政治的繁荣和科学技术的发展等方面都在相当程度上借重于教育，特别在科学技术方面。我国当时在算学、农学、医学、造纸、印刷、建筑、天文历法、机械制造以及各种工艺制作方面都居于世界前列，积累了丰富的遗产和宝贵的经验。

隋唐时期的科技教育主要以当时的科学书籍为教材，以科学家和教育者的经验为依据，以初步建立和逐渐完善的教育制度为基础。从教育形式上看，有官学、私学、佛道隐士等的传授，以及当时国际间的交流等多种形式。

隋唐时期以前，官方科技

唐代讲学教师塑像

■ 唐代釉陶算珠

算学十经 是指汉唐1000多年间的10部著名的数学著作，它们曾经是隋唐时期国子监算学科的教科书。10部书的名称是《周髀算经》《九章算术》《海岛算经》《张丘建算经》《夏侯阳算经》《五经算术》《缉古算经》《缀术》《五曹算经》《孙子算经》。

教育主要是在民间进行的，也有一些专门机构，如在医学、天文历法等机构内设教育部门或部门有科技教育方面的机制。至隋唐时期，科技教育已在官学中占有一定的地位，形成独立的系统，形成了各种制度。其中最突出、最成熟的是算学、医学和天文历法等。

算学是官学中最高等级的"唐六学"之一，在隋代时已有设置，由国子寺统辖，只因隋代短暂，因此，其真正的发展与健全是在唐初。

唐代算学自656年置，学生30人。662年在东都洛阳再建国子监时又设算学，学员仅10人。算学生虽不多，但却是唐代科技教育最高层次和最正规的代表。

和国子监其他各学一样，算学也有着对学生学习、管理、考评，以及教材建设的一系列要求。算学生年龄限制在14岁至19岁之间，必须是"文武官八品以下及庶人通其学者。"入学前先要向博士献丝帛酒肉一类的礼品作为"束脩"（学费），入学后必须学终其业。

所学算学教材，是由当时著名科学家李淳风等编注的"算学十经"。这是历史上由皇帝下令整理颁行的第一套官方数学教科书，内容包括古典数学思想和当代实用数学理论等。

在教学管理方面，算学受国子监统一管理，学生的成绩和学籍均于国子监备案。学生每10天放假一日，假前要考试一次，由算学博士负责，不及格者要受处罚，年终要考一年所学课程。若3次不及格或学习年满而达不到毕业水平的学生，一律罢遣。

学成后，可以参加科举中相应的"算学科"的考试，教材内容即标准答案。经考试确有实才者即送吏部委任职务。

医学在我国有悠久的历史，名医及医药图籍举不胜举。至唐代，在朝廷机构太医署下设立医药学校。其虽不属于官方学制系统，但朝廷规定："考试登用，如国子之法。"

医学教育由太医令掌管，下有药园师、药园生、医师、医学生、针师、针学生、按摩博士、按摩生、咒禁博士、咒禁生等。

据《唐六典》规定：医学诸生由医博士分科而教授之，在管理上大致与国子监相同，但仍有自己的一套教科书、考试、管理以及升迁

唐代医学教育

将作监 古代官署名，掌管宫室建筑，金玉珠翠、犀、象等器皿制作和纱罗缎匹的刺绣以及各种异样器用打造的官署。一般设有监、少监、总左校、右校、中校等署，百工等监，金玉珠翠犀象宝贝器皿的制作，纱罗缎匹的刺绣，以及各种异样器用的打造。

奖惩的办法，各方面的要求是较严格的。

地方医学主要包括京都医学、都督府医学和州医学等，是唐代地方学校体制中唯一与儒学和玄学并列的专业类学校。地方医学的管理和各方面的条件比中央各学差得多，但由于处在地方，所以更容易接触实际，在官学中它是能兼得官私学各家之长的较好的教学形式。

天文历法方面的教学主要局限于太史局。虽然局中设历生、天文生、漏刻生等，也有保章正、灵台郎等教授者，但不像上述两种学校那样有严密的教学和管理制度，只是一个特殊的专业教育机构。

一般来说，局中各色学生跟博士学习古代和外来的天文历书及数学著作，昼夜在灵台，即朝廷最权威的天文台"伺候天文气色"，佐助有关的科研人员进行试验观察、记录天文现象、制作历书等。其名曰官学，实际上却更多地带有私学的特点。

这类教育的师生比例差距过大，700多学生学习如此实践性强的专业却只有几个博士指导，基本上是采取博士讲大课和学生自学体验相结合的方法。

天文历法教育较之前两学虽不很典型，但学生所学和朝廷所需基本对口，学生在边干边学中提高自己，到了一定年限即可"转正"，成为朝廷掌管天

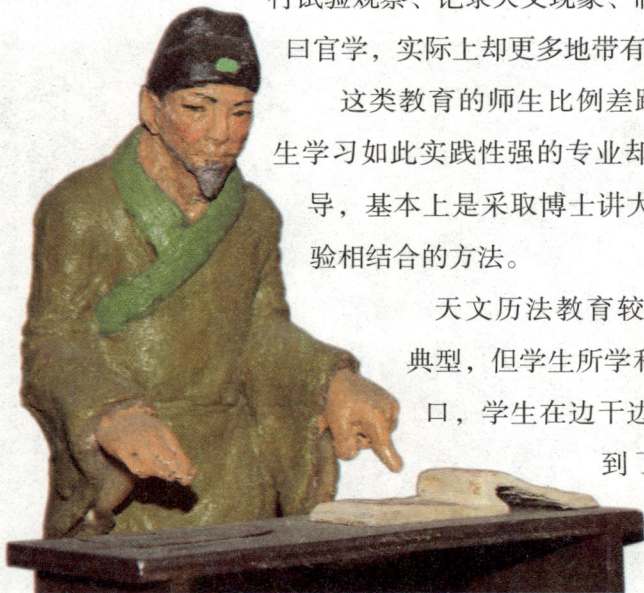

■ 唐代博士雕塑

■ 唐代仕女学习刺绣

文历法的官员和职工。

除正规的学校外，"艺徒制"也可被看成是官方科技教育的一个较低层次的特殊部分。

唐代政治、经济的繁荣和商业的进步，使得社会对技术工人的培养和需求日益增大。为了提高工匠的技术水平，唐代规定了技工分类学习和考核的具体标准。如镂钿之工要学4年，车辂乐器之工要学3年，平漫刀槊之工要学两年，矢镞竹漆之工需学半年，冠冕弁帻之工需学9个月，其余杂作者则视其术难易情况学习40天至一年半不等。

徒弟跟从师傅学其技艺，每年每季少府监和将作监之丞都要对其进行考试，年终由两监的主管再行考试，主要根据刻有学生名姓的产品质量进行评定。

艺徒制是一种世袭以外的专业技能的传授或是培训。唐代用朝廷的行政命令和社会需求的力量把过去只是父子相传的家庭世业推广到社会上，使一些先进

镞 指青铜兵器。青铜镞始见于二里头文化遗址中，是我国最早的青铜兵器之一，商代早期已大量使用。西周时期可见带铤双翼镞，有的双翼还呈镂空状。春秋时期常见的形制有翼型和无翼型，其中翼型镞之双翼出现了收削的趋势。

的技术、工艺得以流传，从而促进了手工业技艺的发展和技术人才的培养。

隋唐朝廷执政者允许立私学，奖励学术，重视各类人才的培养和选拔，大大促进了科学技术和文化教育事业的发展，私人科技方面的教育自然也是由此获益。

隋代末期及唐代中期，官学衰败，教育与科学研究的维持和发展基本上仰仗私学，使私人科技教育成为官方科技教育的最好补充。

事实上，隋唐时期在科学技术方面取得了辉煌的成绩，如果仅靠几种官方科技学校培养人才是很难满足需求的。当时凡有杰出贡献的科学家或身怀绝技的大师多得益于私学和家传。

家传是科技教育的古老方式，这从隋唐时期史籍中的科技教育资料里可以看到，家传仍是主要的形式。如隋代的庾季才、许智藏等人就是将祖传的科技知识和技能继承发展，在隋代科技领域中起过重要作用的典型人物。

隋唐时期通过科技教育，在天文历法、数学、物理学和化学、农学、地理学、医学、瓷器等方面，均取得了辉煌成就，影响深远。

阅读链接

李淳风家族长于天文历算，是得益于家学的典型，在当时及后世传为美谈。

李淳风明天文、历算、阴阳之学。曾修撰《法象志》，论前代天文仪器之得失，撰写《晋书》及《五代史志》中的天文、律历、五行三志，认真总结前代科学技术方面的经验，保留了许多珍贵的史料。唐高宗时，他又参加了"算学十经"的主要撰注工作和《麟德历》的制作工作。在他的教育和熏陶之下，其子李谚、孙李仙宗都继承了他的事业，均在唐代朝廷中任太史令之职。

开科举士

　　唐代末期及五代时期，群雄割据，政局紊乱，虽然朝代更替频繁，但崇儒之风和经学雕印不比前朝逊色。五代时期各朝设置学校，雕印经书，奖掖明经人才非常普遍，在隋唐时期及宋辽金元代之间起着极为重要的中介作用。

　　古代教育在北宋初年，兴起了大规模的兴学运动。范仲淹和王安石重视教育的社会地位，主张通过振兴教育来带动全社会的变革，代表了中华文明优秀的重教传统。元代朝廷对民间办学形式采取了积极的政策，反映出教育对促进民族团结的非凡作用。

五代时期儒学和经学

在五代各朝中，后唐对学校教育较为重视。923年，后唐庄宗李存勖曾设国子祭酒、司业各一员，博士两员，分掌教育之事。

927年，后唐明宗李嗣源时的太常丞段颙请博士讲经，试图振兴文

窦燕山教子图

教。第二年正月，敕令宰相崔协兼判国子祭酒之职。崔协上任后奏请每年只置监生200名。

这200名监生有投名者，先令学官对其考试，根据其学业深浅程度，再议定收补之事。

后周世宗柴荣时期，朝廷在大梁天福普利禅院重新营建国子监，并营建学舍，成为后来宋代国子学的所在地，而在当时并无大的建树。

■ 窦燕山教子图

五代之时，官学微弱，学馆、书院等教学形式颇为发达，这类学校虽为名儒隐居讲习之所，学习空气比较活跃，但基本崇尚的还是儒家思想。

比如后晋时期学者窦燕山于私宅附近建有40间的书院，聚书数千卷。他还在家里办起了私塾，延请名师教课。有的人家因为没有钱送孩子到私塾读书，他就主动把孩子接来，免收学费。《三字经》写道：

窦燕山，有义方。教五子，名俱扬。

这是对窦燕山教书育人的赞扬。

五代时儒家私学发达的原因首先在于治国者的提倡，科举考试的导向作用；其次是由于经学较之文学及其他学科易学，易于中举升官；再有儒学发展到唐

私塾 我国古代社会一种开设于家庭、宗族或乡村内部的民间幼儿教育机构。是旧时私人所办的学校，以儒家思想为中心，它是私学的重要组成部分。清代地方儒学有名无实，青少年真正读书受教育的场所，除义学外，一般都在地方或私人所办的学塾里。因此清代学塾发达，遍布城乡。

■ 我国造纸术

三传 是解释《春秋》的三部书，就是《左传》《公羊传》和《谷梁传》。《左传》也叫作《春秋左氏传》或《左氏春秋》，相传是春秋、战国之际的左丘明所撰。《左传》以《春秋》为纲，博采各国史事，编次成书，叙事明晰，繁简得宜，保存了较丰富的历史资料。

末五代已向简易与实用的方向发展，其思想内容已从文人雅士向平民百姓渗透。

因此，发展与振兴儒学在唐代末期及五代时期有官方和民间广泛的社会基础，也有良好的物质条件，其思想内容虽是保守的，但在古代文化教育的发展过程中却有着重要的作用和意义。

五代时期虽兴替频繁，但学校和科举都保持着，而且各自运转自如。后梁取消了制科，在进士考试中诗赋、杂文、策论等也时有更易，但是，与经学教育有关的诸科，如"五经"、"九经"、"三礼"、"三传"、明经、开元礼、童子科等，反而有了起色。

据文献记载，五代存世的52年间，虽然朝代更易，但"五经"、"九经"、"三礼"等诸科，中选者动辄以百人记。

原因是在承平之时，士人鄙视帖书墨义，朝廷也贱其科而不取，而丧乱以来，为士者往往从事帖诵之学，能够举笔成文者十分罕见，朝廷也只好以"五经"、"九经"、"三礼"等诸科为士子进取之途。

五代时期经学教育较之隋唐虽无大的发展，但兴建学馆、书院和雕印经书，则是教育史上的重大事件。五代时期经学教育和明经科的发展是由时代所决定的。五代诸朝都很重视儒家经典的印行、传布和经学教育的发展。

当时我国的印刷业和造纸业均有较大的发展，使作为教育重要媒介的书籍得以大量地印刷和流传。学者除广泛从事抄写之事外，还普遍传阅各种刻本。

书籍流传的速度快，范围广，在一定程度上促进了经学教育的恢复和发展，特别是帝王和重臣提供经书版本并主持经书的印行，更使经学图籍传播天下。

据《旧五代史·晋书》记载，晋高祖因喜好《道德经》，即命雕版印行。

沈括的《梦溪笔谈》也记载：

版印书籍，唐人尚未盛为之，自冯瀛王始印《五经》，以后典籍，皆为版本。

科举 是一种制度，尤其是文官的选拔制度。因以分科考试选举官员，故名"科举"。它是我国古代的一项重要发明，对我国社会和文化均产生了深远的影响。它打破了我国自古在选拔官员时对出身的束缚。科举是我国，乃至世界第一种面向全国大多数人民的公平的官员选拔制度。

■ 活字印刷术

又据《爱日斋丛钞》记载：

> 自唐末以来，所在学校废绝，蜀毋昭裔出资财百万营学馆，且请刻《九经》，蜀主从之。

这些记载，真实地反映了这一时期的经学书籍雕印盛况。当时除了大量印行《五经文字》和《九经字样》等经学教科书，还刊印了《经典释文》等经学参考书或辅助教材。这些都极大地推动了经学教育的普及。

雕版印刷术创始于隋唐之际或更早，而其大发展和应用于教材印制主要在五代时期。五代之初，主要是印诗集、韵书和佛经等。自后唐平蜀，受其雕版印经的启示之后，儒家经典便在国子监中开始刊刻，和唐代的石经相参照，学习者可以在任何地方研读儒家典籍，而不必非要到京师抄写石经。

五代时期经学书籍的雕印，为学人提供了极大的方便，尤其为经学在民间的发展创造了良好的条件。也使儒家经学在魏晋时期以后的又一次大动荡中，依然保持其优势地位，更对后世宋学的开启起了十分重要的作用。

阅读链接

后晋时期学者窦燕山十分注重对子女的教育。窦燕山的妻子连续生下了5个儿子，他把全部精力用在培养教育儿子身上，不仅时刻注意他们的身体，还注重他们的学习和品德修养。在他的培养教育下，5个儿子都成为有用之才，先后登科及第。

当时的冯道，后来被称为古代大规模官刻儒家经籍的创始人，他曾赋诗一首说："燕山窦十郎，教子有义方。灵椿一株老，丹桂五枝芳。"这里所说的"丹桂五枝芳"，就是对窦燕山"五子登科"的评价和颂扬。

北宋时期的兴学运动

北宋初年，朝廷改变了以往间接赞助民间办学的做法，而是直接管理和资助、兴办地方州学，将重要藩府的州学正式纳入官学的体制之中，并逐步形成了若干具有全国性影响力的地方教育中心。

同时，朝野对科举之学的指责日益公开和普遍，并要求施行切实的改革措施。这些变化，已显示出北宋初期兴学的到来，具有客观必然的历史依据，并标示出有待于进一步深化的兴学主题。

在这种情况下，范仲淹首开先河，主持推动了北宋时期第一次全国性的大规模兴学运动，史称"庆历兴

■ 范仲淹（989—1052），北宋时期著名的政治家、思想家、军事家、文学家、教育家。1043年，与富弼、韩琦等人参与"庆历新政"。主持推动了北宋历史上第一次全国性的大规模兴学运动，史称"庆历兴学"。著有《范文正公文集》。

学"，它是当时"庆历新政"的重要内容之一。

庆历新政 宋代仁宗庆历年间进行的改革。1043年，范仲淹、富弼、韩琦同时执政，欧阳修、蔡襄、王素、余靖同为谏官。宋仁宗责成他们在政治上有所更张以"兴致太平"。后来，庆历新政失败，范仲淹先后被先后贬到邓州、杭州、青州等地。

范仲淹作为倡导兴学的主要代表人物，在庆历兴学之前，就对北宋时期教育所面临的问题及其弊病，做了思想和实践方面的认真探讨，并提出了一系列针砭时弊的建设性主张。

早在主持南都府学教席时，范仲淹就上书执政大臣，提出固邦本、厚民力、重名器的治国之策。重名器就是要慎选举，敦教育，通过恢复制科，改革常科考试，选用具有特异才干的人才。主张通过兴办学校、养育群材、移风易俗，来实现天下大治的目的。范仲淹的这些主张，为其后的庆历兴学提供了指导方针，并在舆论上做了必要的准备。

1043年，范仲淹在主持新政大局的同时，积极筹划兴学，当年9月奏章上的《条陈十事》，作为庆历新政的纲领，其中前4项都与科举教育的改革有关，说明教育改革在新政中占有至关重要的位置。其后，朝廷正式下诏兴学，揭开了庆历兴学的序幕。

■ 范仲淹坐姿铜像

在范仲淹的推动下，庆历兴学的措施，主要是改革科举考试方法，再就是在州县立学，选部属官或布衣宿学之士为教授，规定士必须在学校习业300天，方许参加考试。

此外，为了振兴太学，选

用拥护新政的著名学者石介、孙复主持太学讲席，并建立为太学法度，以改进太学教学及规章体制。同时还设立四门学，允许八品至庶人子弟入学，扩大了中小庶族地主子弟入学深造的机会。

虽然庆历兴学随庆历新政而夭折，但它的成就和影响仍不容忽视。

庆历兴学为地方办学提供了合法的凭据，首开州县广兴学校的先例，普遍激发起州县地方兴学的热潮。在新政失败后，州县兴学的成就仍部分保留下来，一些新政人士被贬到地方后，仍热心创办地方学校，使庆历兴学的成果得以保存和扩大。

庆历兴学整顿和改进太学、国子学的教学制度，一批硕学名儒主讲太学，结束了国子学、太学徒为游寓取解而无教学之实的状态，开创了北宋时期朝廷官学的空前盛况。而且新任主讲们对于改变浮靡巧伪的士学风气发挥了重大的作用，并对全国各地的学校起到了积极的主导示范的作用。

奏章 我国古代，大臣向皇帝进言或汇报事情时所使用的文书，是大臣和皇帝之间交流的主要途径。在奏章中，大臣可以向皇帝表达自己对于朝政的意见或其他事情的看法或建议等，是否认真批复奏章也是区分一位皇帝是否贤明的重要标志。

参知政事 原来是临时差遣名目，唐太宗时以李洎为黄门侍郎、参知政事，参知政事始正式作为宰相官名。至宋代，则演变成一个常设官职。协助宰相处理中枢事务有两种方式：一是几位参知政通盘协助宰相处理各方面政务；二是几位参知政事各负责某一方面政务。

庆历兴学的改革措施虽未保留下去，但其敢事更张的观念冲破了因循守旧的积习，感召和影响了一代士风，实际开创了北宋时期社会和教育领域的一个变革的时代。

此外，范仲淹等人提倡经济实学，力图将学校教学、科举取士和经世治国三者统一起来，形成一个以学校为主体、科举考试为手段、社会需求为目的的新教育体制。其目标虽未达到，但这是自科举制度创立以来所面临的第一次来自教育领域的认真挑战，对于改变学校附庸于科举的状况、强化学校的社会功能，都起到了历史性的推动作用。

范仲淹的庆历兴学虽然失败了，但要求兴学和针砭时弊的精神对后继者产生了极大的影响。就是在这种精神鼓舞下，在宋神宗即位后不久，朝野上下就围绕着学校和科举如何培养、选拔人才的问题，再次展

■ 宋代考场

■ 王安石（1021—1086），字介甫，号半山，谥文，封荆国公。世人又称王荆公。我国历史上杰出的政治家、思想家、学者、诗人、文学家、改革家，唐宋八大家之一。北宋丞相、新党领袖。王安石变法对北宋后期社会经济产生很深的影响，已具备近代变革的特点。传世文集有《王临川集》《临川集拾遗》等。

开争论，并围绕着这一主题，开始了一场内容更为广泛、细致的变法运动。

主持和推进这一时期兴学的代表人物，是著名的政治家和学者王安石。他在1058年的《上仁宗皇帝言事书》中，围绕着人才的教、养、取、任等中心课题，提出了根治北宋时期教育、科举、吏治弊病的改革方案。

比如王安石认为，宋代时期学校存在弊病而不称养士之职，如学官选择不严，而且无真才实学；教学内容空疏无用，但讲章句记诵之学，与社会实际需求脱节等。

王安石的议论震撼朝野，虽然不能马上被宋仁宗所采用，但却为不久后的变法兴学，做了必要的思想和舆论准备，实际起到了此后兴学指导纲领的作用。

1069年，王安石任参知政事，主持变法大计，次年再次提出兴学复古、改革科举的建议，并得到了大多数朝臣的赞同。但围绕着如何变法的具体问题，当时也产生了诸多歧见。

经过辩论，1071年2月，宋神宗下诏书，命王安石改革学校科举。其内容主要包括以下几个方面：

诏书　皇帝布告天下臣民的文书。在周代，君臣上下都可以用"诏"字。秦王政统一六国，建立君主制的国家后，号称皇帝，并改命为制，令为诏，从此诏书便成为皇帝布告臣民的专用文书。汉代承秦制，唐宋时期废止不用，元代又恢复使用。

一是改革太学体制，扩建太学规模，实行三舍法。将太学内舍生名额增扩至300人，继而增至900人。将太学生员按等差分隶于外舍、内舍、上舍，此即三舍法。生员依学业程度，岁时考试艺能，依次升舍。随着三舍法的推行，太学规模也在不断扩大。

二是改革人才选择制度。对人才选拔制度的改革，首先是在科举考试之外，又立舍选一途，其作用在于强化学校的职能，部分取代科举的作用。

三是为了进一步统一士论，1073年设经义局，修《诗》《书》《周礼》三经义，由王安石提举，吕惠卿、王雱等同修撰。最后修成《三经新义》，由朝廷正式颁行学官，成为官方考试、讲经所依据的标准教材。从此，士子参加经学考试，必宗其说，进而有效地改变了经说纷异的局面。

四是创建和整顿国子监、地方学校及各种专科学校。立国子生员额200人，并从太学分取解额40人以下。从此，国子监稍具教养之实。同时加强专科教育，以培养具有一技之长的变法人才，如恢复设置武学，设置律学，设置了医学提举判局，分为方脉科、针科、疡科，培养医学人才。地方官学的改进，主要是设置诸路学官，并为之拨充学

■宋朝科举考试蜡像

宋朝学子雕塑

田，从而在物质上提供了保障。

王安石主持的熙丰兴学，推动了北宋教育事业的发展。从此，在朝廷和地方形成了一个学科、内容、形式相对完整配套的学校网络。

从范仲淹到王安石，北宋时期的大规模兴学运动，在学校制度方面的创造性变革，在思想内容方面敢事更张的精神、提倡经世致用的实学风范，均被后人树为楷模，对保存和振兴古代的优秀文化作出了积极的贡献。

阅读链接

范仲淹出身贫寒，刻苦学习入仕后，不忘助人为乐，为社会做出奉献。这种奉献精神最生动地体现在他以俸禄购义田，设义庄，创义学等方面。义学的支出皆来源于范仲淹所置义田的收益。义学经费的管理在其手订的"义庄规矩"中有严格规定。

范仲淹设义田、义庄、义学，并对之进行有效管理，在教化族众、安定社会、优化风尚上取得了巨大成功。同时，开启了我国古代基础教育阶段免费教育的新篇章。

两宋时期的蒙学教育

  古代的蒙学教育，是指连接于小学与学前幼童之间的一种启蒙教育形式。它通过乡校、家庭和社会教育，利用特定的方法和手段，对儿童进行知识传授和道德启蒙。在这方面，宋代取得了重要成就。

  宋代蒙学的场所有乡学、村校、家塾、舍馆等，还有利用农闲季

古代启蒙教育

节专为贫民子弟设置的冬学。

宋代蒙学教育的一般目的和任务，是对儿童进行道德启蒙教育，帮助孩子保养本真的天性，注重基本文化知识的传播，注重养成正确的学习方法、态度和学习习惯，同时，也重视结合儿童的兴趣和爱好。

在童蒙教育中，宋代理学家关于小学教育的主张，发生着广泛的影响。在对儿童的道德启蒙方面，宋代学者认为，幼学之年的孩子，先要分别人品上下，向善背恶。

比如宋代理学家朱熹在《小学》中指出：

■ 儿童学习写字雕塑

小学与大学的目的一致，是要"防其幼"，收放心，养德性，教以洒扫、应对、进退之节，爱亲、敬长、隆师、亲友之道，皆为修身、齐家、治国、平天下的根本，是学习"做人的样子"。

保养的孩子本真天性，是以孟子性善论为依据的。北宋时期文学家杨亿在所著《家训》一书中就曾明确指出："童稚之学，不止记诵"；而是要"养其良知良能"。

所谓良知良能，就是相信儿童生来具有一种先天向善的本能。蒙学教育的目的就是保养这种本能，使

朱熹（1130—1200），南宋著名的理学家、思想家、哲学家、教育家、诗人、闽学派的代表人物，世称朱子，是孔子、孟子以来最杰出的弘扬儒学的大师。他创立了宋代研究哲理的学风，称为理学。他的一生志在树立理学，使之成为统治思想。但因理学初出，影响不深。同时，朱熹在官场上因品性耿直而得罪权臣，致使晚年落得一个悲剧的结局。

程颐（1033—1107），北宋时期理学家和教育家。与其胞兄程颢共创"洛学"，为理学奠定了基础。与其兄程颢不但学术思想相同，而且教育思想基本一致，合称"二程"。

古代拜师蜡像

其不被后天物欲所侵而失去本色。

以后南宋时期理学家有关蒙学教育的一系列论述，大多也发自这一主题。宋代蒙学教育注重基本文化知识的传播，使儿童打好文字基础，为将来进一步深造创造必要条件。因此，宋代蒙学课程大多是识字、写字、背书之类的内容，涉及范围虽广，但都十分粗浅。

宋代蒙学教育注重养成正确的学习方法、态度和学习习惯。例如，朱熹在《童蒙须知》中谈到幼童读书要做到心到、眼到、口到，并称"三到之法，心到最急"。既讲了读书的方法，又讲了读书的态度。

除了读书外，朱熹还要求儿童培养其他方面的好习惯。诸如：写字，要一笔一画，严正分明，不可潦草；看书，要将书册整齐摆放，正身体对书册，详缓看字，仔细分明读之，字字读得响亮；日用笔砚器物，皆当整齐严肃，顿放有常处，取用既毕，复置原所。

宋代学者也大多重视结合儿童的兴趣和爱好，进行启蒙教育，因势利导，形式活泼。例如著名理学家张载、程颐和朱熹，谈到蒙学教育，都强调犹如春风化雨的造物功用，顺其自然，积极诱导。张载认为：教之不受，告之无益。程颐强调教子未见意趣，必不乐学。而朱熹则明确提出：小学书多说恭敬处，少说那防禁处。

蒙学教育方法的改进，也标志着宋代蒙学教育已达到较为成熟的水平；而宋代理学家对蒙学教育的一系列论述，也为后代的蒙学教育提供了思想依据。

宋代的蒙学教材，较之唐代，在内容体系方面更为完备。就内容的分类来讲，至少包括历史类、博物类、伦理道德类、起居礼仪类和综合类。

■ 朱熹讲学蜡像

历史类的启蒙教材，主要有诗人王逢原的《十七史蒙求》，枢密院属吏刘班的《两汉蒙求》，史学家黄继善的《史学提要》等。这类蒙学教材都采用了唐代后期诗人李翰《蒙求》四言韵语的体例，以便于诵读记忆。

博物类的启蒙教材，主要有政治家方逢辰的《名物蒙求》，著名学者王应麟的《小学绀珠》和《三字经》。

伦理道德类的启蒙教材主要有理学家朱熹的《小学》《训蒙诗》，诗人和词人吕本中的《童蒙训》，理学家吕祖谦的《少仪外传》，著名学者刘清之的《戒子通录》等。

王应麟（1223—1296），南宋时期著名的学者、教育家、政治家。历事南宋时期理宗、度宗、恭帝三朝，位至吏部尚书。王应麟博学多才，对经史子集、天文地理都有研究，是南宋末年的政治人物和经史学者。

叶梦得（1077—1148），宋代词人。所著诗文多以石林为名，如《石林燕语》《石林词》《石林诗话》等。在北宋末年到南宋前半期的词风变异过程中，叶梦得是起到先导和枢纽作用的重要词人。

起居礼仪类的启蒙教材。主要有理学家朱熹的《童蒙须知》《训诂斋规》，理学家真德秀的《教子斋规》等。

家庭范围内训诫类的综合性启蒙教材，主要有史学家司马光的《家范》，政治家和词人赵鼎的《家训笔录》，学者袁采的《世范》，著名词人叶梦得的《石林家训》等。

在上述诸书中影响较大的有朱熹的《小学》《童蒙须知》，司马光的《家范》及《袁氏世范》。但这类蒙学教材，或者板着脸长于训诫，或者过于冗长不便记诵，或义理深奥不便领会，不宜被广大村塾乡学的儿童所接受。

同时，有些虽以蒙学为本旨，实际并不是切实可行的蒙学教材，如《家训》《家戒》之类的书籍，虽标为"家塾训蒙之书"或为训课幼学而设，但既不成韵，也不成系统，而且文义冗长，很难被儿童接受，实际只是在局部范围内介绍或规定蒙学教育方法、宗旨或内容等有关问题的书籍，是为家长或蒙师编写的蒙学教育参考书。

宋代蒙学教材在后世流传最广，影响最大的是相传王应麟编写的《三字经》和轶名作者所撰的《百家姓》。《三字经》是一部进行博物性知识教

■ 古代儿童读书雕塑

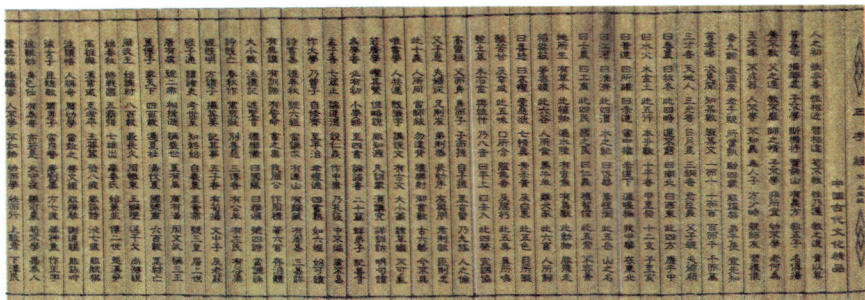

《三字经》竹简

育的蒙学书籍，采用三言韵语的方式，内容涉及古代历史、典故、名言、人物等方面的知识，上述历朝兴废，下至宋代史实，后由明清时期人补续了辽金时期以来的部分。

该书编次顺序或按知识门类，或按时序；先举方名事类，次及经史诸子，不相杂侧，较南朝时期梁人周兴嗣的《千字文》以及汉代司马相如的《凡将篇》、史游的《急就篇》，虽字有重复，辞无藻采，但有关名人的知识容量，过之数倍，而且行文句式更为简洁明了，易读易记。

《百家姓》是一部典型的启蒙识字教材。它集古今姓氏为四言韵语，因"尊国姓"，而以"赵"字为首。内容虽无义理可言，但字韵舒畅，便于诵读，而且篇幅简短，切于实用。该书因而深受民间乡塾和家庭的欢迎，成为宋代以后流传最广，几乎家喻户晓的蒙学教材之一。

类似《三字经》《百家姓》之类的蒙学读本，虽然字里行间也夹杂着封建纲常伦理的道德说教，但由于内容丰富，深入浅出，通俗易懂，容易被儿童理解，对于没有机会或资格上学的贫家子弟，也可以通

司马光（1019—1086），北宋时期史学家、文学家，卒赠太师、温国公，谥"文正"。为人温良谦恭、刚正不阿；做事用功刻苦、勤奋。以"日力不足，继之以夜"自诩，其人格堪称儒学教化下的典范，历来受人景仰。主持编纂了古代历史上第一部编年体通史《资治通鉴》。

过邻居或长辈的帮助，从小诵习这些读本，从中获得一些粗浅的历史文化知识和社会、伦理常识。

这样，既满足了朝廷"化民成俗"的需要，又可帮助农民子弟摆脱完全文盲的状况，识几个字，知一点礼，客观上有助于提高其文化素养和生产、生活能力。特别是在家族观念十分浓厚的封建社会，抓住姓氏这个要害进行启蒙识字教育，也可以说是准确适度地把握并迎合了一般民众的心理。

《三字经》《百家姓》的编纂为后代历朝的蒙学读本提供了范本，但元明清时期诸代蒙学读本的编写虽多因循《三字经》《百家姓》的格式或加以改编重印，但其影响和流传范围都远不及前者广泛。由此可以证明：以《三字经》《百家姓》为代表的宋代蒙学课本，已达到了我国古代蒙学教材编纂的最高水平。

综观宋代蒙学教育，在培养儿童德智体诸方面都起到了一定的积极作用。尤其是蒙学教材的编纂，多由当时著名的学者宗师执笔，反映了古代良好的蒙学教育传统，也反映了宋代特别是南宋时期文化教育事业的繁荣和普及的状况。

阅读链接

南宋时期叶梦得在《石林燕语》中曾经追述自己童年的启蒙老师叫乐君。

乐君家境贫寒，草庐3间，以两间处诸生，一间让妻子居住，靠讲学为生。平时往往因束脩不继而忍饥挨寒，以致其妻因米竭而不胜愤怒，闯入学舍，取案上简击其首，被群儿环笑扶起。他50年间每日早早起床，分授群儿经，口诵不倦。

像叶梦得的老师乐君这样常常饿着肚子，几十年如一日辛勤教学，又与儿童和睦相处，亲密无间的事例，也可反映宋代蒙学教育的一般情形。

两宋时期的书院教育

　　北宋初期，朝廷无力广设州县学校，故士子往往择胜地，立精舍，以为群居讲习之所，书院开始兴盛起来。书院代表了宋代初期书院教育的最高水平，并且在宋代初期教育领域占有重要的地位。

白鹿洞书院

■ 岳麓书院

书院 是以私人创办和主持为主，将图书的收藏和校对、教学与研究合为一体，是相对独立于官学之外的民间性学术研究和教育机构。它肇始于唐代，但未成定制。唐末五代时期，士儒穷居草野，潜心讲学之事，书院应运而生，进入了书院职能全面转入讲学读书的初级阶段。

当时的著名书院，或有四大书院之称，为白鹿洞、岳麓、睢阳、嵩阳书院；或有"八大书院"之称，即上述四大书院外，再加石鼓、茅山、华林、雷塘书院。

白鹿洞书院位于今江西省庐山五老峰下，始建于唐代贞元年间。977年，知江州周述疏请朝廷赐国子监印本"九经"，得准，学徒已达数百人之多。宋代初期任教于白鹿洞书院的学者多为名儒，如刘涣、陈舜俞、陈瑾等，故其造就的学子也多出大才，吸引四方学者辐辏造访，门庭盈盛。

岳麓书院位于今湖南长沙岳麓山抱黄洞下，976年，知潭州朱洞建讲堂书斋共50余间，初具规模。

其后屡经扩建，又经朝廷赐书赐额，山长周式又于1016年被任为国子监主簿、兼书院教授，故而书院兼有半官半私的性质。

睢阳书院也叫"应天府书院"，位于今河南省商丘西北。1009年，府民曹诚捐款在宋代初期名儒戚同文故居处扩建而成。此后朝廷委官赐田，逐步纳入官学的范围，并一度称"南都府学"。

宋仁宗时期，范仲淹主持南都府学教席，吸引和培养出一大批优秀的学子，为北宋时期教育的兴盛和庆历兴学作出了特殊贡献。

嵩阳书院位于今河南登封县太室山麓。后周时期始建，996年，朝廷赐"太室书院"额和监本"九经"。1035年进行重修，并更名为"嵩阳书院"，朝廷赐田一顷供膳。此书院初建时影响虽大，但以后渐趋无闻。

石鼓书院位于今湖南衡阳县北石鼓山回雁峰下。唐代本为道观，997年建为书院，1035年赐书院匾额及学田，得朝廷赞助而趋于兴盛。

学田 是指书院和州县官办学校所用的田地，是古代封建社会学校教育的经济支柱。设学田以赡学的制度，创始于宋代，延续至清代。学田的管理方式各地不一，朝廷也没有作出统一的规定，学校通常设有专门机构或派专人管理学田，一般有三种方式，一是由学官管理；二是由乡绅地主管理；三是由学校生员管理。

师古兴学

开科取士

■ 嵩阳书院

岳麓书院内堂

白鹿洞 书院位于江西九江庐山五老峰南麓，享有"海内第一书院"之誉。始建于940年，是我国首间完备的书院；南唐时建成"白鹿国学"，为我国历史上唯一的由中央政府于京城之外设立的国学；宋代理学家朱熹重建书院，亲自讲学，确定了书院的办学规条和宗旨，并奏请赐额及御书，名声大振，成为宋末至清初数百年我国一个重要文化摇篮。

此外，位于浙江江宁的茅山书院、江西奉新的华林书院、江西安义的雷塘书院，在宋代初期的书院教育中也占有重要的地位，其办学风格也颇具特色。如华林、雷塘书院即是一种家族式的学塾，与前述白鹿洞、应天府诸多官方色彩颇浓的书院相比，完全是另外一种类型。华林书院的宗旨即是胡氏家族聚居，数代承传经史、诗书、礼仪。

从上述几个著名书院的地域分布来看，宋代初期书院教育普及范围较为广泛，但影响较大、数量较多的者，还是主要集中在北宋时期首都东京开封的周围和江西、湖南一带的书院。

集中于东京周围的书院如应天府书院、嵩阳书院，官学色彩较浓，反映了这类书院在宋代初期的兴起，与朝廷的关联较为深厚。

集中于江西一带的书院如华林书院、雷塘书院、浔阳陈氏东佳书堂，则显示了唐末五代时期至宋代初期深厚的家族文化渊源。

北宋末年，随着朝廷历次大规模兴学，官办的州县学校渐起，书院沦入沉寂，达百年之久。进入南宋时期，书院教育逐步恢复，书院教育达到鼎盛。

南宋时期书院数量大幅度增加，规模和分布范围扩大，就连边远的黎州，即今四川汉源北也有书院创办。至于书院的规模和设置，更较北宋时期完善，办学条件也多有改进。

南宋时期书院的内容和功能有所扩大。南宋时期书院藏书、讲学的规模远远超过北宋时期，供祀的礼仪也较北宋时期完备；同时，形成了较完备的规章制度，其内容涉及书院的教学内容、方法、教学目的、培养学生的方向，以及书院的日常行政管理条规。

师古兴学 开科举士

应天府书院 即应天书院、睢阳书院，其前身为南都学舍，为五代后晋时的商丘人杨悫创办，位于河南商丘古城南湖畔。北宋初，书院多设于山林胜地，唯应天书院设于繁华闹市，人才辈出。随着晏殊、范仲淹等的加入，应天书院逐渐发展为北宋最具影响力的书院，是古代书院中唯一升级为国子监的书院，被尊为北宋四大书院之首。

■ 嵩阳书院里的道统祠

■ 岳麓书院崇道祠

祭孔 是我国民间的一种对"先贤"的尊敬仰慕和追思的纪念活动。祭祀大成至圣先师孔子的典礼，称为"释奠礼"。释、奠都有陈设、呈献的意思，指的是在祭典中，陈设音乐、舞蹈，并且呈献牲、酒等祭品，对孔子表示崇敬之意。

宋代书院实行教学与行政合一的体制。书院的"洞主"、"山长"，既是书院最高的行政首脑，又是主要的讲席教师，多由当时著名的学者担任。

诸如：范仲淹曾为睢阳书院山长，主持讲席的同时，也为书院制订了一系列新的课业和管理规程；朱熹先后主持白鹿洞书院、岳麓书院的教务，并为白鹿洞书院制订了学规；其余如南宋时期著名的学者胡宏主持岳麓书院教席，陆九渊创办和主教象山书院，吕祖谦主教丽泽书院等均属此类。

书院的经费大多采用学田供养制。北宋仁宗朝曾赐给部分书院学田。书院将学田租给附近农民耕种，岁收租廪充为养费。南宋时期书院经费多为自我筹措，来源为私人捐助，或经官方允准，拨归寺观绝产和闲地充为经费。

书院除讲学和藏书之外，供奉先圣、先师、先贤的祀典，也是重要的职能。宋代书院除祭孔子之外，北宋时期书院多祀本院的初创者，如白鹿洞书院供祖李渤、石鼓书院供祀李宽、睢阳书院供奉戚同文等。南宋时期书院由于多由理学家创办，故其祀典也多奉北宋时期周敦颐、张载、"二程"诸子，以彰明尊崇道统的含义。某一学派创办的书院也往往供祀本学派的宗师。

由此可见，书院祀典的供设，既有表明对先圣先师先贤或先辈的尊敬之意，又具有标明本院教育宗旨的象征性作用，同时也是为了彰明本书院的办学特色及其师门承传的系谱。

宋代书院的教学内容与官学不尽相同，但北宋时期书院鼎盛时期，官学并未设置，书院与家学同样都是讲授科举之学。南宋时期书院因理学家的倡导，大多讲理学，注重学生道德伦理的训练和涵养，而不着意追求功名利禄。

宋代书院大多由著名学者主持教学，并往往成为某一学派的渊薮之地，故其教学水平远高于一般官学，具有教学与学术研究相结合的双重功能。同时，由于书院实行自由讨论学术的教学方式，因而办学风

张载（1020—1077），北宋时期哲学家，理学创始人之一，程颢、程颐的表叔，理学支脉——关学创始人，封先贤，奉祀孔庙西庑第三十八位。其庙庭与周敦颐、邵雍、程颐庙、程颢庙合称"北宋五子"庙。

白鹿洞书院里的朱熹雕塑

格较为开放，气氛活跃。

学规是宋代书院综合治校的立法依据。学规不仅制订书院教学的宗旨、培养学生的目标，限定学生的行为准则，在观念上具有塑造学行思维模式的作用。

以朱熹的《白鹿洞书院教条》为例。它首先规定了书院教育的目标，是使学生明了父子、君臣、夫妇、长幼、朋友之间的封建伦理关系法则，要求学生必须遵行这"五伦"；其次规定为学的次序，即博学、审问、慎思、明辨、笃行；再次规定修身、处世、接物之要，大体不过是忠恕仁义、改过迁善、明道非利之类的伦理说教。朱熹规定的书院教育的目的、宗旨、内容和方式，成为以后历代书院制度模拟的范本。

宋代书院的兴起，一方面满足了广大士子读书求学的愿望；另一方面，也缓解了朝廷教力不足的矛盾，为朝廷培养了大批文治人才。

宋代书院构成了完整的书院教育模式。作为一种独立的教育组织形式，其丰富的教学经验和灵活多变的办学形式，为以后历朝书院所袭用；其相对完整的规章制度和办学特色，为历代教育家所取鉴。宋代书院教育传统所包蕴的丰富内涵是古代教育的宝贵历史财产。

阅读链接

宋代书院实行自由讨论学术的教学方式，风格开放，学生可自由择师，来去自由。学生的思路也比较活跃，眼界也更加开阔。这种相对自由开放式的教学制度，使得书院往往成为名师荟萃的学术中心。

比如：浙东奉化舒璘少从张栻在书院问学，以后又先后追随陆九渊、朱熹、吕祖谦求学，终成大器，被丞相留正誉为"当今第一教官"；信州五山人汪应辰少从吕居仁读书，以后历拜胡安国、张栻、吕祖谦为师，求得"造道之方"，终成殿试状元。

元代民间的办学特色

在元代，除由朝廷直接管辖的官学外，民间的办学形式还有庙学、私学、宗教教育和书院，朝廷对它们也都采取了保护、扶持、鼓励和倡导的政策，使之有所发展。这是元代教育的一大特色。

元代的庙学，是在孔庙中对孔子和曾参、颜回、孟轲、朱熹等先哲祭祀礼拜后进行的以宣讲儒家经书为主要内容的一种教学形式。它实际上指的是各级各类儒学，属于广义的庙学。

元代还有一种狭义的庙学，专指在孔庙中定期举行的讲学活动。是在每年春秋两次大祭和每月农历初一、十五对孔子和儒

■ 古代学生学习雕塑

学先贤祭祀焚香礼拜后进行的一种以儒家经典为基本内容的讲学活动，属于整个祭奠活动的内容之一。

元朝廷之所以重视庙学，这是和他们所实行的尊孔重儒、提倡理学的文教政策完全一致的。这种以孔庙为活动中心的具有广泛群众性的教育普及形式，在民间产生了相当大的封建道德和礼法教育的影响，从而促进了社会的相对稳定。

元代的私学十分兴盛，它继承了宋代私学传统而又有新的发展，但在办学形式和教学内容上与宋代没有什么大的差别。

元代私学的兴办，除主要是汉族外，还有蒙古族、畏兀族、契丹族、女真族、党项族，以及西域各少数民族和阿拉伯等民族，它表现了各民族间文化的广泛交流，从而有力地促进了中华民族的大融合。这是元代私学所独具的鲜明特色，也是它的功绩之一。

焚香 我国焚香习俗起源很早，古人为了驱逐蚊虫，去除生活环境中的浊气，便将一些带有特殊气味的植物放在火焰中烟熏火燎，这就是最初的焚香。在古代有原始崇拜与巫术等崇神信奉，认为一切都是神的恩赐，对神极度敬仰和崇拜。久而久之焚香就被神化了，随后焚香变得既庄严又神圣。

■ 郭守敬祖父教其看天象

元代治国者对私学采取鼓励、支持的态度，在兴办地方官学的同时，规定或自愿招师，或自受家学于父兄者，悉从其便。

元代通过私学这种教育形式，的确培养出了大批有用的人才。如元代初期杰出的政治家、思想家耶律楚材，就得益于家学。

据史书记载，耶律楚材3岁而孤，母杨氏教之学。及长，博览群书，旁通天文、地理、律历、术数及释老、医卜之说，成了当时著名的学者。

■ 耶律楚材画像

他19岁时就通过科举考试进入仕途。耶律楚材之所以能成才，除了他本身天资好、家里有优越的学习条件外，主要是家学渊源的影响，特别得益于幼年时母亲杨氏的教子有方。

还有元代杰出的科学家郭守敬，幼承祖父郭荣家学，攻研天文、算学、水利。可见，郭守敬的成才，与家学和名师传授也是分不开的。

除耶律楚材、郭守敬外，《元史》记载了很多人物，都是通过自学成才或通过家学和名师传授而成才的，反映了元代私学成才的一般情况。

从教学形式上看，有矢志自学，刻苦攻读者；有家学渊源深厚，受教于父兄或祖母、母亲者；有由家

郭守敬（1231—1316），元代天文学家、数学家、水利专家和仪器制造专家。曾担任都水监，负责修治元大都至通州的运河，修订新历法。他制订出的《授时历》，通行360多年，是当时世界上最先进的一种历法。

■ 元世祖像

庭延请名师授业者；有儒生亲自访求名儒或明师，得之口传心授者，形式不拘一格。

元代私学的学习内容，一般都以儒家经典为主，即以"四书"、"五经"和"二程"、朱熹的注疏为基本教材，但也兼及天文、地理、律历、算数、医学等有很高实用价值的自然科学的内容。

当儒生们学有所成后，大部分人通过各种方式踏入仕途，为世所用，在功业上有所建树；也有相当一部分的儒生耻事权贵，不屑于仕，或闭门教诲子弟，或在乡里设学授业，或隐居山林讲学传道。

元代那些通过私学成才的人，为保存、继承和发展以汉族儒学为主体的华夏文化，普及文化教育，培养各方面有用的人才，作出了积极有益的贡献。

由于元代朝廷对各种宗教，都采取兼容并包的政策，所以元代各种宗教教育都比较兴盛，其中尤以佛教的势力最强，在政治上产生了很大的影响。各种宗教通过寺、观、教堂进行传教活动，普遍开展宗教教育。这在古代历史上是罕见的。

佛教的教育形式通常是俗讲，即由道行高深的僧侣用通俗的语言和形象的实例宣扬佛教的教义，劝人皈依佛教。俗讲往往与祭礼祝祷结合在一起，有似元

华夏 是古代汉族的自称，即华夏族。原指我国中原地区，后包举我国全部领土而言，遂又为中国的古称。"华夏"一词由周王朝创造。最初指代周王朝。华夏文明亦称中华文明，是世界上最古老的文明之一，也是世界上持续时间最长的文明之一。

代庙学在孔庙中对孔子和先哲祭祀礼拜后所进行的讲学活动一样，也是整个崇佛活动的重要组成部分。

佛教教育除了俗讲这一主要形式外，还有佛经的翻译刻印，传布四方；佛寺里的雕塑、壁画，民间流传的宣扬佛法无边和向善去恶、因果轮回等内容的话本、戏剧，更是一种形象性的教育形式。

至于佛教僧侣和信徒们的崇佛祈祷和禁咒祛邪等活动，与人们日常生活中的生老病死有着密切的关系，因而这种教育形式所起到的潜移默化的效果，也就更为普遍和明显。

元代治国者承袭宋代的传统，对书院采取利用和控制的方针，积极地加以提倡、扶持并给予奖励，使之朝官学化的方向演变，从而使元代的书院较之宋代又有了进一步的发展。

当时不少汉族的儒家学者，不愿到朝廷做官，也不愿到朝廷所设的官学中去任教，甚至不愿让自己的子弟到官方所设立的学校去就读，于是他们就退而自立书院，招收生徒讲学。如安徽歙县的汪维岳建友陶书院，江西婺源的胡一桂隐居于婺源湖山书院授徒讲学，安徽休宁的汪一龙在婺源的紫阳学院讲授程朱理学。

面对这种情况，元代治国者吸取辽金时期治国经验，采用了较为开明的文教政策，因势利导，对各地书院的建立和恢复加以鼓励和提倡，并将

雕塑 造型艺术的一种。又称雕刻，是雕、刻、塑三种创制方法的总称。指用各种材料创造出具有一定空间的可视、可触的艺术形象，借以反映社会生活、表达艺术家的审美感受、审美情感、审美理想的艺术。在原始社会末期，居住在黄河和长江流域的原始人，就已经开始制作泥塑和陶塑了。

■ 讲经僧人像

书院与地方上路、府、州、县官学同等看待，归官府统一管理。

这是元世祖忽必烈对书院的承认和提倡，也为汉族士大夫及其子弟开辟了一条出路，化消极因素为积极因素，不仅缓和了汉族知识分子的反抗情绪，而且为他们提供了研究学术和讲学、求学的场所，利用他们的文化知识，为发展元代的文化教育事业服务。

因而从此以后，书院这种有别于官学的民间教育机构，在元代就更加兴盛起来。到元代末期顺帝时更是遍地开花，数量大大超过了宋代。这正是元代治国者实行比较缓和的文教政策的成功之处。

对元代书院的兴建和发展有重大影响的是杨惟中，姚枢、赵复、王粹、许衡、郝经、刘因等一批儒家学者，他们有的参与了书院政策的制订，有的主持著名的书院，有的是书院的主讲。皆以儒家经典尤其是程朱理学作为教学的基本内容。

元代书院的普遍建立，对于普及文化教育、传授儒家经典和程朱理学、传播宗教思想，都起到了极为重要的作用。

元代富有特色的庙学、私学、宗教和书院等民间教育形式，呈现出前所未有的盛况，培养了一大批才华出众的各民族知识分子，促进了中华民族的大融合和中外文化的交汇。

阅读链接

据传，元代国师八思巴3岁时能念咒语，7岁时能背诵经文数10万字，大略地通晓其中的含义，8岁时能背诵《本生经》，9岁时即向人们讲经。西藏人称之为"八思巴"，即圣童的意思。就八思巴本人而言，他的成长过程完全得益于佛学教育。

八思巴一生的著作，有《彰所知论》等30余种，是蒙古新字的创始人。他对于普及藏传佛教，促进元代文化教育事业的发展，起到了极为重要的作用。

崇儒重教

明代官学教育体系健全完备，"八股取士"标志着与科举制的紧密结合。明代以东林书院为代表的书院教育紧贴时政，成为这一时期的亮点。明清时期蒙学继承历史遗产并有所创新，标志着古代蒙学走向成熟。

清代官学在基本沿袭明代旧制的情况下，创办了富有特色的八旗官学。清代书院教育在中后期高度发达，书院致力于读书学和学术研究。清代蒙学教学水平提高，阶段教育体制更加完善。清代洋务教育在推动我国教育近代化进程中发挥了重要作用。

明清时期的官学教育

　　明清时期，朝廷官学的行政机构是国子监即太学，掌管全国教育行政的机构仍是礼部。地方官学则由朝廷任命各省提学官，全权负责领导。

　　明代的官办学校教育，无论其制度建设，还是其实际的发展状态，已经形成了健全完备、完全向良民开放，并且与科举制紧密结合的官办儒学教育体系。在古代教育史上占有十分重要的地位。

北京国子监彝伦堂

明太祖朱元璋建都南京，建国学于鸡鸣山下。明成祖朱棣迁都北京时保留南京为陪都，将已改为北平府学的故元大都国子监又改成北京国子监，南京国子监依然存在，于是明代国子监有南北两监之分。

明代国子监隶属于礼部。国子监长官为祭酒，副长官为司业。教学管理机构为"五厅"和"六堂"。"五厅"，即绳愆厅、博士厅、典籍厅、典簿厅和掌馔厅，分别设有监丞、博士、典籍、典簿和掌馔等职。"六堂"，为学生编制所在和学习场所，指率性、修道、诚心、正义、崇志和广业六堂，有初、中、高三级。

明代国子监学生通称"监生"，依其来源分为四类：一是会试落榜的举人，称为"举监"；二是地方官学生员选拔入监的，称为"贡监"；三是一定级别以上的官员及功臣后代，称为"荫监"；四是缴纳钱物而买到的监生资格，称为"例监"。

监生是一种社会政治身份，成为监生就意味着获得了做官的资格。监生本人，连同家属两人都可免除徭役。监内实行会馔，即会餐制度，伙食标准是相当高的，会发给相应的钱物，家属也有一份。另外，还发给冬夏服装，文具纸张及生活用品，有病由官府给

■ 明代监生服饰

会试 金元明清四代科举考试名目之一。所谓会试者，共会一处，比试科艺。由礼部主持，在京师举行考试。明清时期各省乡试中式的举人，于次年二三月入京参加由礼部主持的考试。以往各届会试中未中的举人与国子监的监生也可一同应试。因考试在春天，又称"春试"或"春闱"。

予医治，待遇相当优厚。

国子监的教学内容以"四书五经"为主。此外还学习《性理大全》，加读《说苑》《大明律令》《御制大诰》，还有习字、习射等。明代尤其强调科举入仕。明代成化年间，规定科举考试用排偶文体阐发经义，称为"八股"，也称"时文"、"制义"或"制艺"。八股取士后来也成为清代选拔官吏的科举制度。

所谓八股文，每篇由破题、承题、起讲、入题、出题、起股、中股、后股、束股、落下10个部分组成。破题，开首用两句设破题意；承题，用三四句或五六句承接破题的意义加以说明；起讲，用数句或十数作为议论的开始，只写题大意，宜虚不宜实。入手一两句或三四句，为起讲后入手之处。以下起股至束股才是正式议论中心。

八股文的试题出自"四书"，应试者必须按"四书五经"的代圣贤立言，依格式填写，因而具很大的局限性，弊病尤大。然而明清取士，却以科举为重，而科举又以八股文为主，于是教育重心当然就完全放在如何教八股文与如何做八股文上了，严重束缚了学子的思想与才华，不利于社会的进步。

明代国子监教学实行升堂积分制。学生入学后先入正义、崇志、

明代科举考生

广业堂低级班学习，一年半以后，文理通者升修道、诚心堂中级班学习，再过一年半，经史文理俱优者升率性堂高级班。监生升入率性堂，则采用"积分制"，按月考试，一年积满8分为及格，可以待补为官了，不及格仍坐监肄业。

为满足当时官吏不足的需要，明代于1372年创立了监生历事之制。历事，即"历练政事"，是实习官吏的制度。凡在监10年以上者，派到六部诸司实习吏事，并考察其勤惰。历练3个月，进行考核，勤谨者送吏部备案待选，仍令继续历事，遇到官缺，依次补用。表现平常的再令历练。下等的取消历练资格，送还国子监读书。

明代对监生制订的制度中，还有服劳役、戴枷镣、充军乃至枭首等封建时代全套的惩治手段。恩威并举，以达到严格管理的目的。

除了国子监之外，明代还有专为皇族后裔子弟而设的宗学，以及学习军事技能的武学。

清代京师国子监沿袭明代北京国子监，校舍规制更加严整。原明代南京国子监到清代改为江宁府学。

131

文明传递

崇儒重教

士 "士"，上古掌刑狱之官。为贵族阶层，多为卿大夫的家臣。春秋末年以后，逐渐成为统治阶级中知识分子的统称。战国时期的"士"，有著书立说的学士，有为知己者死的勇士，有懂阴阳历算的方士，有为人出谋划策的策士等。

监生历事 又称"历事监生"。明代国子监监生的实习制度。始于1373年。1380年，因各衙门吏不敷用，而又可使监生有实习的机会，故推行历事监生制。后来监生日多，历事又复冗滥，出路极为困难。至1483年，历事制遂废。

举人 本意是指被荐举的人。汉代实行取士制度，无考试之法，朝廷令郡国守相荐举贤才，因以"举人"称所举之人。唐、宋时期设有进士科，凡应科目经有司贡举者，都被称举人。到了明、清时期，则称乡试中试的人为举人，也称大会状、大春元。

1785年建成宏大的辟雍，成为国子监的主建筑。

清代国子监祭酒、司业、监丞、博士等职，均有满、汉之分，各设一人。助教、学正、学录、典籍等职，有满、汉、蒙之分，往往并列而设。

清代国子监的生源也和明代一样，有会试落榜的举人、地方官学生员选拔入监者、一定级别以上的官员及功臣后代、缴纳钱物而买到的监生资格者4个途径，依据是否具有府、州、县学生员的身份，分为贡生和监生两大类，前者的地位和待遇高于后者。学生学习《圣谕广训》，以及诏、诰、表、判等公文及策论的写作。

清代国子监"六堂"改为两两分级，率性、修道为高级，诚心、正义为中级，崇志、广业为初级。升堂实际上只是熬年头、看资历了。国子监对监生的管制严格，监内有监规，绳愆厅就是专门纠察和惩治学

■ 清代国子监上课蜡像

生过错的地方。一般学校最高惩罚不过开除学籍。

　　清代初期，监生坐监期满，即拨历各部院衙门实习吏事，每三个月考核一次，一年期满，送朝廷考察授官。康熙时期以后停止拨历。

　　清朝廷还为拥有特权的八旗子弟设立了各类学校。数量最多的是八旗官学，分设在圆明园护军营、火器营、健卫营以及各地驻防旗营所，由满、蒙、汉各旗各设学馆教授子弟，归国子监管辖。此外，还有宗人府管辖的宗学和觉罗学，对象是皇室后裔和其他爱新觉罗氏后裔；内务府管辖的咸安宫官学、景山官学，对象是皇城禁卫军的内三旗子弟。

　　八旗学校重点是学满文与骑射，是为了维护八旗子弟的固有传统，同时也兼习汉文和经史之学，以增强他们的文化素养。

　　明代地方官学在前期比较兴盛，明太祖立国之初，既在全国诸府、州、县设立府、州、县学，又在

八旗　我国清代满族的社会组织形式。"旗"原来只是标志这一新组织队伍不同部分的旗帜。1601年努尔哈赤建黄、红、蓝、白四旗。随着队伍的扩大，1615年，在原有四色旗帜外，又增加镶黄、镶蓝、镶白、镶红四色旗帜，合为八旗。八旗子弟在中国历史的大舞台上活跃了300多年，为我国统一多民族国家的形成和发展做出了不可磨灭的贡献，辽阔的中国版图许多是由八旗子弟开拓的。

礼 在我国古代中，礼是社会的典章制度和道德规范。作为典章制度，它是社会政治制度的体现，是维护上层建筑以及与之相适应的人与人交往中的礼节仪式。"礼"作为道德规范，是领导者和贵族等一切行为的标准和要求。

防区卫所设有卫学，乡村设社学，还在各地方行政机构所在地设置都司儒学、宣慰司儒学等有司儒学，最盛时全国合计有学校1700余所。府设教授、州设学正、县设教谕各一人。皆设训导，府学4人、州学3人、县学3人。

明前期全国有地方学官4200余员。学生名额，府学40人、州县依次减10人。但不久即命增广学员。增广既多，于是初设食廪者为廪膳生员，增广者谓增广生员。人才愈多，又于额外增取，附于生员之末，谓之为附学生员。

明代地方官学的学习内容，在明初为专习一经，以礼、乐、射、御、书、数设科分教。后来又重行规定，计分礼、射、书、数四科，颁经史礼仪等书，要生员熟读精通，每日习书500字，数学须通《九章》之法，又须学射于习射场所射圃。

由于学校成为科举考试的预备场所，明代地方学

■ 明代老师蜡像

■ 清代监生考试

校订有考试制度，月考每月由教官举行一次；岁考、科考则于掌管一省教育行政大权的提学官主持，其在任三年两试诸生，第一次为岁考，别诸生成绩为六等，凡附学生员考至一等前列可补廪膳生，其次补增广生。一二等还可受奖，四等以下则分别给予惩责、降级、除名等处分。第二次为科考时，提取岁考时一二等生员，加以复试，考试上者可获应乡试资格。

至明孝宗朱祐樘时，令各府州县建立社学，民间15岁以下者送入读书。讲习婚冠丧祭礼节，生徒之俊秀者亦有补儒学生员资格，但此制实行不久就被废。

明代对地方官学生员是严加管制的。明太祖向全国各地学校颁布"禁例十二条"，刻在石碑上，其要点是严禁师生议论国事，干预地方政务。要求他们遵纪守法、尊师重道、潜心治学，以求得到朝廷重用。

清代地方官学基本沿袭明制。依其地方区划设有

石碑 把功绩勒于石上，以传后世的一种石刻。一般以文字为其主要部分，上有螭首，下有龟趺。大约在周代，碑便在宫廷和宗庙中出现，但此时的碑与后来的碑功能不同。此时宫廷中的碑是用来根据它在阳光中投下的影子位置变化推算时间的；宗庙中的碑则是作为拴系祭祀用的牲畜的石柱子。

府学、州学、县学，并于乡间置社学。各地均设专职学官，如在顺治初年，各省设提学道，直隶、江南各设提学御史。至康熙年间改为提督学政，各管本省学政事务。

各学教官，府设教授，州设学正，县设教谕各一人。皆设训导佐之，员额不定。学生资格也分为三等：附学生、增广生、廪膳生。每次录取生员名额皆有定数。生员入学前称"童生"，童生入学需经县、府、院三级考试合格才有入学资格，俗称"秀才"。

生员在学，并非以读书课业为主，其主要任务在于参加岁、科考试，以取得乡试资格。学习内容为《御纂经解》《性理》《诗》《古文辞》及校订《十三经》《二十二史》《三通》等书，还有"四书五经"、《性理大全》《资治通鉴纲目》《大学衍义》《历代名臣奏议》《文章正宗》等书。总之，不外儒家经典和体现官方统治思想的宋明理学著作以及应付科举考试的八股文之类。

清代地方官学学规较之明代更严。如康熙时期颁"圣谕十六条"，雍正时期又演为"圣谕广训"等。明清时期的官学教育，一方面起到了"育人才"的作用，更重要的是尽到了"化民成俗"这一教化之责。

阅读链接

清代小说家吴敬梓的《儒林外史》中，描写了范进中举疯癫的故事：范进中举前，饱尝科举制度下落第文人的辛酸苦楚。50多岁仅是个童生，家中穷苦不堪，冬天还穿着单衣服，在这种情况下，由于主试官周进的抬举，应试及第。他喜不自胜出现了癫狂状态。在恢复过来后，他的岳丈胡屠户由从前对他不屑一顾变为阿谀奉承；同县的"名流"也纷纷巴结。

故事讽刺了范进"一朝得志，语无伦次"的悲剧性格，以及当时社会趋炎附势的可耻风气。

明清时期的书院教育

明清时期，书院教育的发展可以说是几度兴衰。明初，因为汉族政权的恢复，提倡科举，重视官学，士人也都热衷于正统学业，书院受到冷落。

明代中后期，因为科举越发僵化，官学有名无实，一些理学家为救治时弊，多立书院，授徒讲学，于是，书院兴盛起来。

在当时，书院讲学最为著名的是理学大师湛若水和王阳明。他们驻足之处，必建书院，聚徒讲学。他们提倡心学，在理学中别树一帜。他们的弟子后学继续建立书院，聚徒讲学，于是，书院讲学之风盛行一时。

由于当时书院的自由讲学与治国者的文化专制不相容，明代后期日趋腐败的政治必然遭到儒家士大夫的批评，双

王阳明画像

东林书院正门

对联 又称楹联或对子，是写在纸、布上或刻在竹子、木头、柱子上的对偶语句，其对仗工整、平仄协调、字数相同、结构相同，是一字一音的中文语言的独特艺术形式。对联相传起于五代后蜀主孟昶。它是中华民族的文化瑰宝。

方的矛盾越来越加强。所以，从明代嘉庆、万历时期以后，朝廷先后4次下令禁毁书院。但是，因书院有广泛的社会基础和强大的生命力，很快又得以恢复。

明代最著名的书院是位于江苏无锡的东林书院，原为宋代学者杨时讲学的场所。明代正德年间，乡人邵宝继承杨时讲学之志，重建书院，谓之"东林"，王阳明为之作序。1604年，被明代朝廷革职的顾宪成和高攀龙等复建东林书院，扩大规模，聚徒讲学，并订立《东林会约》。

东林书院以追求"为圣为贤"的"实学"为务，常议论朝政得失，抨击权贵，揭露腐朽。书院的这一特点，集中地体现在顾宪成为其题写的一副对联上：

风声雨声读书声，声声入耳；
家事国事天下事，事事关心。

东林书院每逢会讲，远近赴会者常数百人，就连"草野齐民"、"总角童子"，也可以到书院听讲。久而久之，在江南形成一个著名的东林学派，其影响逐渐蔓延至全国。东林党人在京师也办起了首善书院，打破了都门不敢讲学的戒律。

清代初年，治国者推崇科举和官学，对书院采取抑制的态度。1652年，清代朝廷明令教官、生儒务将平日所学经书义理躬行实践，不允许再创书院群聚徒党，空谈废业。

然而，当时的一些思想家和教育家仍坚持书院的讲学活动。南有黄宗羲讲学于海昌、姚江等书院，北有颜元主讲于直隶漳南书院，西有李颙主讲于陕西关中书院。

在这种禁而不止的形势下，清代朝廷感到抑制书院的政策行不通，倒不如加以提倡，使之为我所用。于是，雍正皇帝在1733年诏谕在各省设立书院，同时采取了一系列措施，加强对书院的管理和控制。

清代书院的生员，由各州县选拔。对"山长"、教师的考核、惩罚、提调，也由地方当局办理。朝廷

江南 在历史上江南是一个文教发达、美丽富庶的地区，它反映了古代人民对美好生活的向往，是人们心目中的世外桃源。从古至今"江南"一直是个不断变化、富有伸缩性的地域概念。江南，意为长江之南面。在古代，江南往往代表着繁荣发达的文化教育和美丽富庶的水乡景象，区域大致为长江中下游南岸的地区。

■ 关中书院

为书院拨给经费或置学田，使其经费有所保证。

由于官学和科举已完全合流，而官学的教学容量又很有限，所以也需要兴办书院作为官学教育的补充，特别是向生员提供学习场所。这类的书院占到清代书院总数的90%以上。

在教学内容上，以科举文字的训练为主，实际上可以看作是官学的分校或官学的读书场所。如北京的金台书院就是由顺天府主办，供国子监贡监生、京师生员在此修业，也招收部分童生，官方给予生活津贴。一些大书院的建筑，已经与官学相通，也有孔庙之设，同时又体现书院读书学习的典雅特色。

清代中后期，书院高度发达，遍布各地，连少数民族聚居的地方也办有书院。尽管大多数书院已官学化，但毕竟还是读书学习的场所。与此同时，有一些书院仍保持研究型的本色，如清嘉庆、道光年间著名

孔庙 是纪念我国伟大思想家、教育家孔子的祠庙建筑，在历代王朝更迭中又被称作文庙、夫子庙、至圣庙、先师庙、先圣庙、文宣王庙，尤以文庙之名更为普遍。我国最早且至今规格最大的曲阜孔庙修建于公元前478年，也就是孔子逝世的第二年。

■ 清代书院

清代书院

学者阮元创办的杭州诂经精舍和广东学海堂，就是当时训诂考据学研究与教学的重点场所。

这两所书院以"专勉实学"为教学宗旨，注重扎扎实实做学问，编撰出版了1400卷的巨著《皇清经解》。还出版了《诂经精舍文集》和《学海堂集》，体现了治学的巨大成果。

书院不仅对古代社会的教育发生过重要影响，而且先后传至日本、朝鲜、东南亚各国，至今在这些国家仍有不少书院，尤其在日本更为普遍。

阅读链接

宋代学者杨时讲学的场所，后来成了明代著名的东林书院。杨时潜心学习经史，曾经在颍昌以学生礼节拜著名理学大师程颢为师，师生相处得很好。程颢去世后，杨时就在卧室设了程颢的灵位哭祭，又用书信讣告同学的人，然后又到洛阳，准备拜程颐为师。这时杨时已40岁了。

这一天，杨时拜见程颐，程颐正闭着眼睛坐着，杨时就侍立在门外，天降大雪也没有离开。程颐已经察觉的时候，那门外的雪已经一尺多深了。"程门立雪"的典故即由此而来。

明清时期的蒙学教育

清代启蒙教育雕塑

明清时期是封建社会最后发展阶段，蒙学教育臻于成熟。在继承历史遗产的同时，其教学形式、教师队伍，尤其是教材编写方面，已经形成了自己的特色。

明清时期的蒙学有3种形式：一是坐馆或教馆，即地主士绅豪富聘请教师在家进行教学；二是家塾或私塾，即教师在自己家内设学；三是义学或义塾，即指地方或个人出钱资助设立小学招收贫寒子弟，带有慈善

■ 清代启蒙教育

事业的性质。

明清时期的蒙学已经定型，有了一般固定的教学制度和教学程序，也有了一批教蒙学的教师队伍。

蒙学教师简称为"蒙师"，有的是当地的童生或穷秀才，那些稍有才识，衣食有奔头的，都不愿当教师，所谓"家有二斗粮，不作孩子王"。清代学者崔学古在《幼训》中说"为师难，为蒙师更难"，因此呼吁改变蒙师状况。

明清时期的蒙学教材很多，除《三字经》《百家姓》《千字文》外，流行一时的还有《千家诗》《龙文鞭影》《幼学琼林》《童蒙观鉴》等。

有史以来，对儿童的开蒙教育常常是非常有趣的，明清时期也不例外。《清稗类钞》第四册有一首《嘲私塾诗》，勾画了明清蒙学教学活动的情景：

一阵乌鸦噪晚风，诸生齐放好喉咙。
赵钱孙李周吴郑，天地玄黄宇宙洪。《三

童生 文童的别称。明清时期的科举制度，凡是习举业的读书人，不管年龄大小，未考取生员，即秀才资格之前，都称为"童生"或"儒童"。但需要注明的是，童生并不完全等同于未考上秀才的学子。根据明代史书记载，只有通过了县试、府试两场考核的学子才能被称为"童生"。

明清时期启蒙教育蜡像

《字经》完翻《鉴略》,《千家诗》毕念《神童》。其中有个聪明者,一目三行读"大"、"中"。

诗中描述的教学顺序是,先读完《三字经》《百家姓》《千字文》后,再读《千家诗》《神童诗》《鉴略》,然后再读《大学》《中庸》《论语》《孟子》这"四书"。其中《千家诗》是蒙学中主要的诗歌教材,此书是先由宋代学者谢枋得《重定千家诗》七律和清代学者王相所选《五言千家诗》合并而成。

《千家诗》共选诗200余首,大部分语言流畅,词句浅近,易读易记,包括不少脍炙人口的名篇,如李白的《静夜思》、孟浩然的《春晓》、王之涣的《登鹳雀楼》、杜牧的《清明》、苏轼的《饮湖上,初晴后雨》等名诗。

还有一种蒙学课本叫作"杂字"书,在历代史书上很少著录,但其内容切合日用,又分类编纂,既可

《论语》是儒家的经典著作之一,由孔子的弟子及其再传弟子编撰而成。它以语录体和对话文体为主,记录了孔子及其弟子言行,集中体现了孔子的政治主张、伦理思想、道德观念及教育原则等。《论语》成书于战国初期,全书一共20卷,11705个汉字,可谓汉语文章的典范。

作识字课本，又能起字典作用，适合一般手工业者、农民、商人及其子女的需要，在蒙学中也占有一定的地位。

比如在《五行杂字》中，有与耕种活动和农家日常生活需要有关的内容："面饼大犒赏，豆腐小解馋。说的咱家话，财主却不然。弱人服参汤，肚壮吃黄连。清晨用点心，晚晌吃糖圆。夏天鸡卤面，鸡蛋合肉丸。哪怕天鹅肉，说要也不难……"最后以"几句俗言语，休当戏言观。专心记此字，落笔不犯难"结束。

再如《六言杂志》中有这几行：

黄花金针木耳，蘑菇大料茴香。鱼肚海蜇紫菜，香蕈燕窝白糖。花椒胡椒芥末，红曲酱瓜腌姜……兄弟哥哥嫂嫂，母舅妗子姨娘。　大伯小叔侄儿，丈人岳母姑娘……

145

文明传递

崇儒重教

七律 即七言律诗，是律诗的一种。律诗是我国近体诗的一种。格律严密。其发源于南朝齐永明时期，至初唐沈佺期、宋之问时正式定型，成熟于盛唐时期。律诗要求诗句字数整齐划一，律诗由八句组成，七字句的称七言律诗。

■ 清代学堂教育

■ 明清时期启蒙教育

飞叉木锨扫帚，推扒梯子刮板……

描红 是我国传统的习字法，是指在印有红色字或空心红字的纸上摹写，是初学写字的最好训练方法之一。以前练习毛笔字时，是红色的字，每隔一页都是红色的标准楷体字，上面一张薄薄的透明纸，练习书法者描那个红字，叫"描红"，现在基本上少了。

明清时期的蒙学主要进行读书、习字和作文3方面的教学，是为进入官学、书院及应科举考试做基础准备，而每一方面的教学，又都建立了一定的次序。比如读书，首先进行集中识字。待儿童熟记千余字后，进入读《三字经》《百家姓》《千字文》《千家诗》的阶段，进而再读"四书"。

学塾教学的重点在于指导儿童跟读、熟读和背诵上。在此基础上，教师进行讲书，着重阐述书中的封建政治思想和伦理原则。

习字的次序，先由教师把着手教儿童用毛笔，而后描红，再进入临帖书写，这时学塾教学的重点在于指导儿童用描红本及名家字帖。

在作文之前先必练习作对。教师训练儿童作对，先从模仿做起。如教师讲"正名"这一格式，就要举例"送酒东南去，迎琴西北来"，再让儿童仿着写一句；教师讲"因类"这一格式，也要举例"圆荷浮小叶，细麦落轻花"，再让儿童仿着写一句。

此外，教师还运用一些作对学文的书和诗词范文指导儿童。如明末清初文学家李渔的《笠翁对韵》中的"天对地，雨对风，大陆对长空，山花对海树，赤日对苍穹"、"云对雨，雪对风，晚照对晴空。来鸿对去雁，宿鸟对鸣虫"等。

作对练习是一种不讲语法理论而实际上却是相当严密的语法训练，经过多次练习之后，儿童可以纯熟地掌握词类和造句的规律，并且用之于写作。这一种基础训练的方式，的确是值得我们重视的。

学塾中实行个别指导，教学进度以儿童的接受能力为转移，都遵循由易及难，由浅入深的原则，前一步的学习为后一步的学习铺垫基础。教学中尤重视温故，教师有计划有步骤地组织儿童复习旧课，在温故的基础上再上新课。当时流行有《训蒙歌》一首：

147

《笠翁对韵》

作者是明末清初文学家李渔，号笠翁，仿照《声律启蒙》写成，故名。是用来熟悉对仗、用韵、组织词语的启蒙读物。全书分为上下卷。按韵分编，包罗天文、地理、花木、鸟兽、人物、器物等的虚实应对。较之其他全用三言、四言句式更见韵味。

文明传递
崇儒重教

■ 明清时期私塾教育

明清私塾教育

王筠（1784—1854），清代语言学家，文字学家。王筠少而好学，喜爱研究小篆与大篆文字。年纪稍长，即博览群书，研读经史。一生中，尤其喜爱研究说文之学。他精心研究了许慎所著《说文解字》，研究了段玉裁、桂馥的说文著作。

牢记牢记牢牢记，莫把蒙师看容易。教他书，须识字，不要慌张直念去。声声字眼念清真，不论遍数教会住。教完书，看写字，一笔一笔要端详，不许糊涂写草字。字写完，做对句，见景生情不必奇，只要说来有意趣。

平仄调，毋贪异。做完对句有余功，写个破承教他记。催念书，口不住，时常两眼相对看，怕他手内做把戏。非吃饭，莫放去。

出了恭，急忙至，防他悄悄到家中，开了厨门偷炒米。清晨就要来，日落放他去。深深两揖出门外，彬彬有礼循规矩。若能如此教书生，主人心里方欢喜。

随着蒙学的发展，童蒙教学法的著作也开始出现。1841年的辛丑科状元龙启瑞，根据自己的亲身经历和清代的蒙学教学实际，著有《家塾课程》，总结了古代的蒙学教学经验，提出以看、读、写、作4个字为纲，强调要熟读精思、渐进有恒、自求自得、严格要求，颇受当时社会各界的重视，流传很广。即使对今天中小学的语文教学，也可提供启示和借鉴。

清代著名的语言学家王筠撰写的《教童子法》，是一本专门论述蒙学教育的著作。此书对识字、写字、读书、作对、作诗、作文方面的基本训练作了系统的论述，对蒙学的一般原理也提出了一些独到的见解。如它重视学生的学习兴趣，反对呆读死背的教学方法等。

书中还要求教师了解学生，因材施教，而不能使用体罚威吓学生。并以观察学生是"欢欣鼓舞"，还是"奄奄如死人"，作为判断其师是"良师"还是"笨牛"的标志。

明清时期的蒙学教育，渗透着古代浓郁的封建伦理纲常的说教，体现了它的普世教化功能。同时，在教材编写上，注意到了适应儿童的兴趣和心理特点，对后来的儿童教材编写有一定指导意义。

阅读链接

清代学人崔学古在《幼训》中指出，游戏对儿童发展具有重要的作用。他认为，要对儿童进行教育,必须顺应儿童的自然发展规律,游戏则是最主要的手段。

古代在蒙学教育中有一种传统游戏，叫作《捉乖乖》。说道："蒙上眼，捉乖乖，捉住谁，我猜猜。摸摸小脑袋，说出名字来。"这是一种儿童摸瞎游戏玩法，意思是说，帕子蒙住儿童的眼睛,让他去摸索应摸的东西或人，摸到或抓住后要说出物品的名称或这个人是谁。

清代阶段教育的体制

　　清代建立了完备的阶段教育体制，并在各个阶段即学前、初等、中等、高等教育过程中，将一贯提倡的"崇儒重道"精神贯彻其中，体现了古代儒家教化的文明传承。

■ 清代启蒙教育雕塑

■ 清代私塾教育

　　清代以前没有正规的幼儿教育，清末"戊戌变法"期间，维新人士开始注意到这个问题，康有为在《大同书》中设计"育婴院"，收三五岁儿童。梁启超在《教育政策私议》中提倡设立幼稚园，收5岁以下儿童，保育年限为两年。由于"戊戌变法"运动的失败，这些主张未能得到施行。

　　光绪年间，清代朝廷下诏兴学，令各州县"多设蒙学堂"，并颁布《奏定学堂章程》，制订了第一个蒙养院章程，首次将蒙养院正式列入学校系统。

　　蒙养院章程规定：各省、府、厅、州、县以及较大市镇，均应在育婴堂即孤儿院和敬节堂即寡妇堂内附设蒙养院，以蒙养院辅助家庭教育，以家庭教育包括女学。专为保育教导3岁至7岁的儿童，每日不得超过4小时。

　　保育教导的主要内容有游戏、歌谣、谈话和手

戊戌变法 指1898年农历戊戌年以康有为为首的改良主义者通过光绪皇帝所进行的资产阶级政治改革。主要内容是：学习西方，提倡科学文化，改革政治、教育制度，发展农、工、商业等。这次运动遭到守旧派的强烈反对，历时仅103天的便告失败，因此也叫"百日维新"。

技，其目的在于"发育其身体，渐启其心知"。保育教导的方法是，就儿童最易通晓的事情，最喜好的事物，渐次启发涵养，同时强调："断不可强授以难记难解之事，或使为疲乏过度之业。"

初设蒙养院，师资成问题，因为古代历来排斥女子教育，保育员没有来源。章程只能规定各省学堂将《孝经》、"四书"、《烈女传》《女诫》《女训》及《教女遗规》等书，择要编成浅显的图书，分散给各家各户。并选取外国家庭教育书籍中简易而且不与我国妇道妇职相悖者，广为译刊，希望由家庭教育中培养出保育员来。

《奏定学堂章程》颁布以后，一些省市随即开办了幼儿教育机构，比如武昌模范小学附设蒙养院、上海务本女塾附设幼稚舍、湖北幼稚园、湖南蒙养院、江苏学务处各属的蒙养院、上海私立爱国女学设立的蒙养院等。

钟天纬（1840—1900），曾受清代朝廷出使德国大臣李凤苞邀请游历欧洲各国，考察政治、文化和经济状况，比较西方文化与中国政俗之短长。他于1896年在上海创办的三等公学，是古代新式初等教育萌芽时期的私立小学堂。

■ 清代学堂

■ 盛宣怀 (1844—1916)，清代末期官员，官办商人，洋务派代表人物，著名的政治家、企业家和慈善家，被誉为"中国实业之父"和"中国商父"。盛宣怀创造了11项"中国第一"，其中有第一所大学北洋大学堂，第一所高等师范学堂南洋公学，第一家勘矿公司。

各教学机构制订了自己的相关章程或规定。如《湖北幼稚园开办章程》规定：幼稚园"重养不重学"，招收五六岁的儿童入园，保育科目有行仪、训话、幼稚园语、日常用语、手技、唱歌、游戏等，目的是为儿童体育、智育、德育的发展打下根基。

清代幼儿教育，古代历史上第一次出现的学校式的学前教育，尽管当时的幼儿教育还只是家庭教育的辅助，但对古代教育的发展具有积极意义。

清代的初等教育，首倡者是近代小学教育的创始人张焕纶。1878年，张焕纶在上海创办的正蒙书院小班。当时虽然名为书院，但从课程设置来看，有国文、史地、经史、时务、格致、数学、诗歌等，因此实际上是一所新式学堂。改称梅溪书院，增设英文、法文课，注重体育，对学生进行军事训练。

此外，清代著名的学者钟天纬于1896年在上海创办的三等公学，也是新式初等教育萌芽时期的私立小学堂。

古代最早的公立新式小学是1897年著名的政治家、企业家和慈善家盛宣怀奏办的南洋公学外院。挑

张焕纶（1846—1904），近代小学教育的创始人。1878年，他邀集同窗好友沈成浩、徐蓂德等人，筹资兴办书院。将自己住宅的部分厅堂、庭院，拨作校舍，招收学生40余人，分班组进行教授。因为就学的都是刚开蒙的儿童，学校定名为"正蒙学院"。

■ 清代学堂

学部 古代官署名。清代末期设立的中央教育行政机构。1898年，清廷设京师大学堂管理学务大臣，即管理京师大学堂并统管全国教育事宜。后设学部，置尚书、侍郎、左右丞、参议。分总务、专门、普通、实业、会计五司，各有郎中、员外郎、主事及视学官等。辖京师大学堂、八旗学务处、编订名词馆等，并将国子监政隶学部。

选聪颖幼童120名入学，由南洋公学师范生授课，课程有国文、算学、舆地、史地、体育科。外院学生所用的《蒙学读本》都是师范院编纂的，这是古代自编新式教科书的开始。

1898年5月，光绪帝谕令各省、府、厅、州、县将现有的大小书院一律改为学堂，其中的州县书院改为小学堂。在各地办起的小学校中，较为著名的有无锡三等公学；北京八旗奉直第一号小学堂、苏州创办崇辨蒙学、天津创立蒙养东塾，自编《启蒙图说》《启蒙问答》等教科书。

1902年的《钦定学堂章程》规定小学教育为三级：蒙学堂、寻常小学堂和高等小学堂，儿童自6岁起受蒙学4年，10岁入小学堂学习6年。

后又把三级10年的小学教育改为两级9年，初等小学堂5年和高等小学堂4年，同时，从前的蒙学堂改为属于幼儿园性质的蒙养院。

初等小学堂收满6岁以上的儿童，分必修科和随意科。必修学科有8门，修身、读经讲经、中国文学、算术、历史、地理、格致和体操；随意科有两门，图画和手工。每周上课30小时。普遍实施班级授课制，废除从前学校中的个别授课制。

教学方法规定"以讲解为最要"，并注意"循循善诱之法"，纠正了从前专重死记硬背的教学方法，还规定尽量不用体罚。

小学堂分为官立、公立何私立3种，和单级、多级、半日3类，可以按着各地的具体情况开设不同的学堂。

高等小学堂招收初等小学毕业生，也分两科。必修学科有9门，修身、读经讲经、中国文学、算术、中国历史、地理、格致、图画和体操；随意科可视各地情形加设手工、商业和农业等。每周上课36小时。教学方法基本与初等小学相同。

1909年，江苏教育总会呈学部请变通初小学堂章程，认为初等小学的年限越短、科目越简单，教育普及就越容易，建议缩短初等小学的年限并简化其学习科目。学部根据各方面的意见，于当年颁布《变通初等小学章程》，分初等小学为三种：5年完全科，4年简易科和3年简易科。

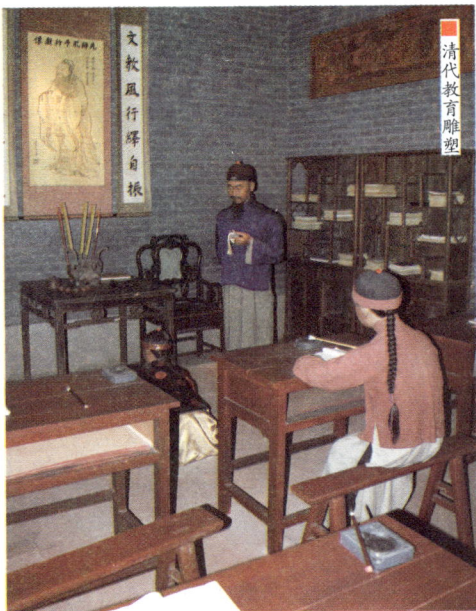

清代教育雕塑

同年11月，学部又颁布《简易识字学塾章程》，为年长失学及贫寒子弟无力就学者设立"简易识字学塾"。这种

提学使司 古代官署名。清代末期各省教育行政机构。清代末期停止科举、兴办学堂时所设省级教育行政官署。1905年，裁撤学政，在各行省设提学使司，以提学使为主官，管理全省学务。下设总务、专门、普通、实业、图书、会计，各有科长、科员。辛亥革命后，改设教育厅，主官为厅长。

学塾学习年限为两三年，每日上课两三小时，可设半日班或夜校。学生不交学费，应用书籍物品都由学塾发给，学习科目有简易识字课本、国民必读课本和浅易算术，可设体操为随意科。

当时发展小学缺少资金和教师，热心教育者认为不如改良旧塾，使之逐渐成为初等或高等小学堂。于是，上海成立私塾改良总会，公布《私塾改良章程》。两江总督周馥札饬各属仿办，继任者端方也命宁、苏、皖、赣提学使司"切实筹款兴办"。

不久，学部颁布《改良私塾章程》，规定：初等私塾至少须授修身、国文、读经讲经、算术4科；高等私塾除上述4科外，还应加习历史、地理，高级班还可酌加格致和体操。

清代的中等教育始于1895年盛宣怀奏设的天津中西学堂中的二等学堂。该校分头等和二等两级，头等学堂相当于大学，二等学堂相当于中学，各4年毕

■ 清代学生行礼图

清代学堂教育

业。二等学堂招收13岁至15岁学生入学。

学习科目为：第一年，英文初学浅言、英文功课书、英文拼法、朗诵书课、数学；第二年，英文文法、英文字拼法、朗诵书课、英文尺牍、翻译英文、数学并量法启蒙；第三年，英文讲解文法、各国史鉴、地舆学、英文官商尺牍、翻译英文、代数学；第四年，各国史鉴、坡鲁伯斯第一年、格物书、英文尺牍、翻译英文、平面量地法。

其后，盛宣怀又在上海创办了南洋公学，其中的"中院"，就是中学。此外，举人出身的俞复在无锡创办三等公学，其中的"二等学堂"，也是中学。

1902年，清代朝廷颁布的《钦定学堂章程》，将中学纳入了统一学制。章程规定，"由府治所设学堂为中学堂"，称"官立中学堂"；由私人捐资所设中学堂，称"民立中学堂"。中学堂修业年限为4年，可分实业科，并应附设师范学堂。

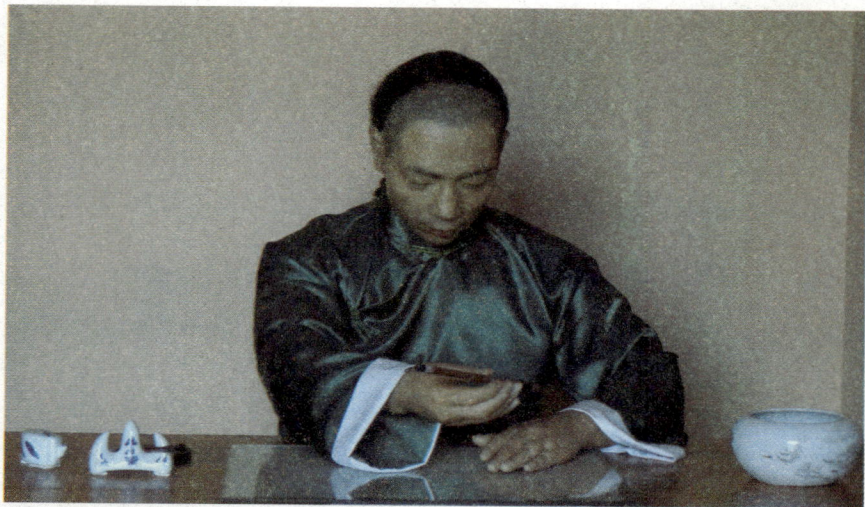

■ 清代学生学习蜡像

北洋大学 是我国近代第一所大学。创建于1895年10月2日。北洋大学堂的创办，不仅推动了我国第一个近代学制的产生，为我国高等学校初创时期体系的建立起到了示范作用，更重要意义在于：它结束了我国延续长达1000多年封建教育的历史，开启了近代教育的航程。

随后颁布的《奏定学堂章程》，将中学的修业年限由4年改为5年，不再分科。除规定府治必须设一所中学外，各州县如有能力也可酌办。除官立、民立中学外，地方士绅也可集资自设中学，集自公款的名为公立中学，一人出资的名为私立中学。这些中学准借用地方公所、寺庙等处。

这些中学堂学习科目共12门：修身、读经讲经、中国文学、外国语、历史、地理、算术、博物、物理及化学、法制及理财、图画、体操。每周上课36小时。

1909年，学部又在学堂章程基础上奏请仿德国学制变通中学课程，实行文、实分科制，文科重经学，实科重工艺。

清代朝廷创办的新式大学，首推1895年盛宣怀奏办的天津中西学堂的头等学堂。该学堂修业年限为4年，第一年不分科，课程有英文、制图、物理、化学、天文、地理、万国公法、理财学等；第二年以后，各就性质所近，选学一种专门学科。专门学科分工程、电学、矿务学、机器学、律例五科。学生120人，分4班，每班30人。学生毕业后，"或派赴外洋，分途历练；或酌量委派洋务职事"。

1898年，头等学堂接受京奉铁路局的要求，特设铁路班。1903年改名为"北洋大学"，学制由4年改为3年，设有土木工程、采矿、冶金等科，成为我国最早的工科大学，也是今天天津大学的前身。

1897年，盛宣怀又在上海创设南洋公学，其中，建于1900年的"上院"，也是大学。学生120名，分4班，每班30名。学制4年。

最初开办南洋公学的目的侧重于培养政治、外交等方面的人才，"以通达中国经史大义厚植根柢为基础，以西国政治家日本法部文部为指归，略仿法国国政学堂之意"。后来培养目标有所变化。

1906年春，南洋公学改政治科为商务科，同年秋又增设铁路科，并改名为邮传部上海高等实业学堂。次年停办商务科，成为专设工科的大学，以后学校规模日益扩大，成为清代末期著名的工科大学，是今天上海交通大学和西安交通大学的前身。

阅读链接

1895年10月2日，由光绪皇帝御批，由盛宣怀出任学堂首任督办的"北洋大学堂"成立，初名"天津北洋西学学堂"。

盛宣怀对新式教育有自己的卓见。他给天津北洋西学学堂的学员定了严格的规则，要求学员一定要精钻本专业，不可心有旁骛，要循序渐进，不容紊乱，他认为打牢知识基础很重要，决不可"学无次序，浅尝辄止"。

另外，他希望学员结合自己的专业学习外语，这是他有感于当时缺少高技术人才而提出的要求，事实证明很有道理。

清代洋务教育的措施

同文馆大门

1861年1月13日，长期主持清代朝廷外交事务的恭亲王爱新觉罗·奕䜣，在一篇陈述"御夷之策"的奏折中，备论"夷祸之烈极"，主张审时度势，权宜办理夷务，并提出拯救夷祸之急的"六条章程"。

在这个章程的第五条中，奕䜣主张在原设的俄罗斯文馆的基础上，选各省的八旗子弟十三四岁以下之天资聪慧者各4人，学习英、法、美三国文字。

恭亲王爱新觉罗·奕訢画像

1862年8月，在奕訢等人的大力倡议下，同文馆正式成立。它的创建是洋务教育的开门之举，标志着我国近代学校的萌生。

同文馆的教习，原拟从广东、上海两地挑选谙解外语的中国人担任，后又聘请英国传教士包尔腾为英文教习，另聘候补八旗官学教习作澍琳充汉文教习。1863年，又增设法文馆、俄文馆，并分聘法国传教士司默灵、俄国人柏林担任法、俄文教习。

1866年12月，奕訢提出3条建议：第一，在同文馆内增设天文、算学馆，讲求天文算学等格致原理；第二，提高学生的档次，从满汉举人及"五贡"正途生员中挑选20岁以外者入馆；第三，聘请洋人在馆教习天文，算学，以期数年后有所成效。

奕訢提出的这3条建议，在当时应该说是富于见识的主张。事实上，除第一条增设天文算学的建议很快得到朝廷的批准外，他的后两条建议因受旧势力的顽强抵制，不再有科举正途出身者投考。自天文算学馆创设以后，同文馆由一个初级的外语学校，变为一个具有近代化意义的实用科学的学校。

左宗棠（1812—1885），字季高，湖南湘阴人。号湘上农人。晚清重臣，军事家、政治家、著名湘军将领，洋务派首领。他一生经历并参与了镇压太平天国运动，开展洋务运动，平叛陕甘回乱，收复新疆等重大历史事件，为维护民族和平统一，稳定和开拓边疆作出了重大贡献。

■ 李鸿章像

扩充后的同文馆课程在原先的中文、外语之外，逐步增设了算学、化学、万国公法、医学生理、天文、物理等自然科学和社会科学的课程。为洋务教育的进一步扩展开辟了道路。

在同文馆的带动下，洋务派的其他重要人物也纷纷效仿，兴办洋务学堂，使洋务教育在19世纪60年代形成了初步的声势。

诸如：李鸿章于1863年创办的上海同文馆、1864年创广州同文馆，左宗棠于1867年创办福建船政学堂，均在当时的教育领域产生了重大的影响，也都属于早期洋务教育的重要设施。

这些学校为我国培养了最早的一批近代的外语、军事技术人才和外交骨干。像著名的翻译家严复、曾任首届驻日本大使的汪凤藻等，他们在推动我国近代化、介绍西方先进的自然，社会科学方面发挥了骨干作用。

此外，早年毕业于福建船政学堂的邓世昌、林永升、刘步蟾及毕业于上海广方言馆的黄祖莲等北洋水师将领，在甲午海战中英勇抵抗日军侵犯、壮烈牺牲，尤为国人所敬仰。仅此而论，早期洋务教育的成果也是不宜一概抹杀的。

19世纪70年代至90年代

刘公岛水师学堂

初，是洋务教育的鼎盛时期。在这一时期内，由于洋务派在朝中顶住了守旧势力的反对，并占据了总理各国事务衙门及相当一批重要的督抚职位，在朝廷及地方均形成显赫的实力派，因而得以大力推进洋务学堂的建设。

在当时，洋务派所建的新式学堂达30余所。这类学校大体可分为4种类型：

一是兼习西学的外语学堂；二是军械技术学堂，如江南制造局附设的操炮学堂、工艺学堂及广东实学馆；三是专业技术学堂，包括电报、医学、铁路、矿务、工程等工种；四是水师、武备学堂，属于专门培养军事指挥人才和训练作战技术的近代军事学校，如李鸿章创办的天津水师学堂、天津武备学堂，张之洞创办的广东水陆师学堂、湖北武备学堂及江南陆师学堂，曾国荃创办的江南水师学堂等。

新式学堂的办学宗旨及课程内容的设置更加务

邓世昌（1849—1894），原名永昌，字正卿。清末海军杰出将领，民族英雄。他于1867年考入马尾船政学堂驾驶班第一期学习，1871年被派至"建威舰"练习航海，1874年毕业，被船政大臣沈葆桢嘉奖以五品军功，任命为"琛航舰"运船帮带，第二年任"海东云舰"管带。1894年在黄海海战中壮烈牺牲。

实：在处理中西学术的关系方面，更加突出了"中学为体，西学为用"的原则；而在分设学校的种类方面，则明显地将军事教育及与军事关系密切的专业技术教育，置于重要的位置。

其他与军事关系较远的学科，如农业、渔业、金融、交通、水利等，虽于国计民生关系重大，却没有占据丝毫的位置，只有湖北自强学堂一度设置商务斋，但也因其流于空谈而少实际便又停办。

洋务教育作为自强运动的一部分，在国家屡遭外国军事、外交凌辱的情况下，优先发展外语、军事技术及军事工业教育，也是必然的选择。但在经历了数十年的时间之后，仍然对于教育改革的进程没有一个统一整体的全国性规划，导致后继发展无力，而且没有获得广泛的社会基础。

1894年，中日甲午战争的爆发，成为了检验洋务运动及其教育成果的关键性事件，而清军在这场战争中的惨败，则标志着洋务运动及其教育事业的失败。

洋务教育是特殊时代的特殊产物，尽管它是在内忧外患的强大压力下，不得已而为之的被动的教育措施，但毕竟是迈出了我国教育走向近代化的第一步，并且培养出了我国最早的一批近代化人才。

阅读链接

黄遵宪曾长期担任驻日使节，在详细考察了日本的历史、政治、军事、教育等国情后，曾经著有《日本杂事诗》及《日本国志》。在书中，黄遵宪备述日本明治维新以来，发展小学义务教育、师范教育及实业教育的重要意义。

甲午战争失败后，有人对黄遵宪说：你的书若早一点儿让大家看到，价值可抵两亿两银子。但在甲午战争前，不仅没有引起应有的重视，黄氏反而因此被斥为"罪大不可逭"。这其实是洋务教育最终走向衰弱的重要原因之一。

中华精神家园书系

建筑古蕴

壮丽皇宫：三大故宫的建筑壮景
宫殿怀古：古风犹存的历代华宫
古都遗韵：古都的厚重历史遗韵
千古都城：三大古都的千古传奇
王府胜景：北京著名王府的景致
府衙古影：古代府衙的历史遗风
古城底蕴：十大古城的历史风貌
古镇奇葩：物宝天华的古镇奇观
古村佳境：人杰地灵的千年古村
经典民居：精华浓缩的最美民居

古建风雅

皇家御苑：非凡胜景的皇家园林
非凡胜景：北京著名的皇家园林
园林精粹：苏州园林特色与名园
秀美园林：江南园林特色与名园
园林千姿：岭南园林特色与名园
雄丽之园：北方园林特色与名园
亭台情趣：迷人的典型精品古建
楼阁雅韵：神圣奥雅的古建象征
三大名楼：文人雅士的汇聚之所
古建古风：中国古典建筑与标志

古建之魂

千年名刹：享誉中外的佛教寺院
天下四绝：佛教的海内四大名刹
皇家寺院：御赐美名的著名古刹
寺院奇观：独特文化底蕴的名刹
京城宝刹：北京内外八刹与三山
道观杰作：道教的十大著名宫观
古塔瑰宝：无上玄机的魅力古塔
宝塔珍品：巧夺天工的非常古塔
千古祭庙：历代帝王庙与名臣庙

文化遗迹

远古人类：中国最早猿人及遗址
原始文化：新石器时代文化遗址
王朝遗韵：历代都城与王城遗址
考古遗珍：中国的十大考古发现
陵墓遗存：古代陵墓与出土文物
石窟奇观：著名石窟与不朽艺术
石刻神工：古代石刻与文化艺术
岩画古韵：古代岩画与艺术特色
家居古风：古代建材与家居艺术
古道依稀：古代商贸通道与交通

古建涵蕴

天下祭坛：北京祭坛的绝妙密码
祭祀庙宇：香火旺盛的各地神庙
绵延祠庙：传奇神人的祭祀圣殿
至圣尊崇：文化浓厚的孔孟祭地
人间天宫：非凡造诣的妈祖庙宇
祠庙典范：最具人文特色的祭祠
绝代王陵：气势恢宏的帝王陵园
王陵雄风：空前绝后的地下城堡
大宅揽胜：宏大气派的大户宅第
古街韵味：古色古香的千年古街

物宝天华

青铜时代：青铜文化与艺术特色
玉石之国：玉器文化与艺术特色
陶器寻古：陶器文化与艺术特色
瓷器故乡：瓷器文化与艺术特色
金银生辉：金银文化与艺术特色
珐琅精工：珐琅器与文化之特色
琉璃古风：琉璃器与文化之特色
天然大漆：漆器文化与艺术特色
天然珍宝：珍珠宝石与艺术特色
天下奇石：赏石文化与艺术特色

古迹奇观

玉宇琼楼：	分布全国的古建筑群
城楼古景：	雄伟壮丽的古代城楼
历史开关：	千年古城墙与古城门
长城纵览：	古代浩大的防御工程
长城关隘：	万里长城的著名关卡
雄关漫道：	北方的著名古代关隘
千古要塞：	南方的著名古代关隘
桥的国度：	穿越古今的著名桥梁
古桥天姿：	千姿百态的古桥艺术
水利古貌：	古代水利工程与遗迹

山水灵性

母亲之河：	黄河文明与历史渊源
中华巨龙：	长江文明与历史渊源
江河之美：	著名江河的文化源流
水韵雅趣：	湖泊泉瀑与历史文化
东岳西岳：	泰山华山与历史文化
五岳名山：	恒山衡山嵩山的文化
三山美名：	三山美景与历史文化
佛教名山：	佛教名山的文化流芳
道教名山：	道教名山的文化流芳
天下奇山：	名山奇迹与文化内涵

自然遗产

天地厚礼：	中国的世界自然遗产
地理恩赐：	地质蕴含之美与价值
绝美景色：	国家综合自然风景区
地质奇观：	国家自然地质风景区
无限美景：	国家自然山水风景区
自然名胜：	国家自然名胜风景区
天然生态：	国家综合自然保护区
动物乐园：	国家动物自然保护区
植物王国：	国家保护的野生植物
森林景观：	国家森林公园大博览

西部沃土

古朴秦川：	三秦文化特色与形态
龙兴之地：	汉水文化特色与形态
塞外江南：	陇右文化特色与形态
人类敦煌：	敦煌文化特色与形态
巴山风情：	巴渝文化特色与形态
天府之国：	蜀文化的特色与形态
黔风贵韵：	黔贵文化特色与形态
七彩云南：	滇云文化特色与形态
八桂山水：	八桂文化特色与形态
草原牧歌：	草原文化特色与形态

东部风情

燕赵悲歌：	燕赵文化特色与形态
齐鲁儒风：	齐鲁文化特色与形态
吴越人家：	吴越文化特色与形态
两淮之风：	两淮文化特色与形态
八闽魅力：	福建文化特色与形态
客家风采：	客家文化特色与形态
岭南灵秀：	岭南文化特色与形态
潮汕之根：	潮州文化特色与形态
滨海风光：	琼州文化特色与形态
宝岛台湾：	台湾文化特色与形态

中部之魂

三晋大地：	三晋文化特色与形态
华夏之中：	中原文化特色与形态
陈楚风韵：	陈楚文化特色与形态
地方显学：	徽州文化特色与形态
形胜之区：	江西文化特色与形态
淳朴湖湘：	湖湘文化特色与形态
神秘湘西：	湘西文化特色与形态
瑰丽楚地：	荆楚文化特色与形态
秦淮画卷：	秦淮文化特色与形态
冰雪关东：	关东文化特色与形态

节庆习俗

普天同庆：	春节习俗与文化内涵
张灯结彩：	元宵习俗与彩灯文化
寄托哀思：	清明祭祀与寒食习俗
粽情端午：	端午节与赛龙舟习俗
浪漫佳期：	七夕节俗与妇女乞巧
花好月圆：	中秋节俗与赏月之风
九九踏秋：	重阳节俗与登高赏菊
千秋佳节：	传统节日与文化内涵
民族盛典：	少数民族节日与内涵
百姓聚欢：	庙会活动与赶集习俗

民风根源

血缘脉系：	家族家谱与家庭文化
万姓之根：	姓氏与名字号及称谓
生之由来：	生庚生肖与寿诞礼俗
婚事礼俗：	嫁娶礼俗与结婚喜庆
人生遵俗：	人生处世与礼俗文化
幸福美满：	福禄寿喜与五福临门
礼仪之邦：	古代礼制与礼仪文化
祭祀庆典：	传统祭典与祭祀礼俗
山水相依：	依山傍水的居住文化

衣食天下

衣冠楚楚：	服装艺术与文化内涵
凤冠霞帔：	佩饰艺术与文化内涵
丝绸锦缎：	古代纺织精品与布艺
绣美中华：	刺绣文化与四大名绣
以食为天：	饮食历史与筷子文化
美食中国：	八大菜系与文化内涵
中国酒道：	酒历史酒文化的特色
酒香千年：	酿酒遗址与传统名酒
茶道风雅：	茶历史茶文化的特色

国风美术

丹青史话：	绘画历史演变与内涵
国画风采：	绘画方法体系与类别
独特画派：	著名绘画流派与特色
国画瑰宝：	传世名画的绝色魅力
国风长卷：	传世名画的大美风采
艺术之根：	民间剪纸与民间年画
影视鼻祖：	民间皮影戏与木偶戏
国粹书法：	书法历史与艺术内涵
翰墨飘香：	著名书法名作与艺术
行书天下：	著名行书精品与艺术

汉语之魂

汉语源流：	汉字汉语与文章体类
文学经典：	文学评论与作品选集
古老哲学：	哲学流派与经典著作
史册汗青：	历史典籍与文化内涵
统御之道：	政论专著与文化内涵
兵家韬略：	兵法谋略与文化内涵
文苑集成：	古代文献与经典专著
经传宝典：	古代经传与文化内涵
曲苑音坛：	曲艺说唱项目与艺术
曲艺奇葩：	曲艺伴奏项目与艺术

博大文学

神话魅力：	神话传说与文化内涵
民间相传：	民间传说与文化内涵
英雄赞歌：	四大英雄史诗与内涵
灿烂散文：	散文历史与艺术特色
诗的国度：	诗的历史与艺术特色
词苑漫步：	词的历史与艺术特色
散曲奇葩：	散曲历史与艺术特色
小说源流：	小说历史与艺术特色
小说经典：	著名古典小说的魅力

歌舞共娱

古乐流芳：古代音乐历史与文化
钧天广乐：古代十大名曲与内涵
八音乐合：古代乐器与演奏艺术
鸾歌凤舞：古代大曲历史与艺术
妙舞长空：舞蹈历史与文化内涵
体育古项：体育运动与古老项目
民俗娱乐：民俗运动与古老项目
刀光剑影：器械武术种类与文化
快乐游艺：古老游艺与文化内涵
开心棋牌：棋牌文化与古老项目

科技回眸

创始发明：四大发明与历史价值
科技首创：万物探索与发明发现
天文回望：天文历史与天文科技
万年历法：古代历法与岁时文化
地理探究：地学历史与地理科技
数学史鉴：数学历史与数学成就
物理源流：物理历史与物理科技
化学历程：化学历史与化学科技
农学春秋：农学历史与农业科技
生物寻古：生物历史与生物科技

文化标记

龙凤图腾：龙凤崇拜与舞龙舞狮
吉祥如意：吉祥物品与文化内涵
花中四君：梅兰竹菊与文化内涵
草木有情：草木美誉与文化象征
雕塑之韵：雕塑历史与艺术内涵
壁画遗韵：古代壁画与古墓丹青
雕刻精工：竹木骨牙角匏与工艺
百年老号：百年企业与文化传统
特色之乡：文化之乡与文化内涵

杰出人物

文韬武略：杰出帝王与励精图治
千古忠良：千古贤臣与爱国爱民
将帅传奇：将帅风云与文韬武略
思想宗师：先贤思想与智慧精华
科学鼻祖：科学精英与求索发现
发明巨匠：发明天工与创造英才
文坛泰斗：文学大家与传世经典
诗神巨星：天才诗人与妙笔华篇
画界巨擘：绘画名家与绝代精品
艺术大家：艺术大师与杰出之作

戏苑纵谈

梨园春秋：中国戏曲历史与文化
古戏经典：四大古典悲剧与喜剧
关东曲韵：东北戏曲种类与艺术
京津大戏：北京与天津戏曲艺术
燕赵戏苑：河北戏曲种类与艺术
三秦戏苑：陕西戏曲种类与艺术
齐鲁戏台：山东戏曲种类与艺术
中原曲苑：河南戏曲种类与艺术
江淮戏话：安徽戏曲种类与艺术

千秋教化

教育之本：历代官学与民风教化
文武科举：科举历史与选拔制度
教化于民：大学文化与私塾文化
官学盛况：国子监与学宫的教育
朗朗书院：书院文化与教育特色
君子之学：琴棋书画与六艺课目
启蒙经典：家教蒙学与文化内涵
文房四宝：纸笔墨砚及文化内涵
刻印时代：古籍历史与文化内涵
金石之光：篆刻艺术与印章碑石

悠久历史

古往今来：历代更替与王朝千秋
天下一统：历代统一与行动韬略
太平盛世：历代盛世与开明之治
变法图强：历代变法与图强革新
古代外交：历代外交与文化交流
选贤任能：历代官制与选拔制度
法治天下：历代法制与公正严明
古代税赋：历代赋税与劳役制度
三农史志：历代农业与土地制度
古代户籍：历代区划与户籍制度

信仰之光

儒学根源：儒学历史与文化内涵
文化主体：天人合一的思想内涵
处世之道：传统儒家的修行法宝
上善若水：道教历史与道教文化

梨园谱系

苏沪大戏：江苏上海戏曲与艺术
钱塘戏话：浙江戏曲种类与艺术
荆楚戏台：湖北戏曲种类与艺术
潇湘梨园：湖南戏曲种类与艺术
滇黔好戏：云南贵州戏曲与艺术
八桂梨园：广西戏曲种类与艺术
闽台戏苑：福建戏曲种类与艺术
粤琼戏话：广东戏曲种类与艺术
赣江好戏：江西戏曲种类与艺术

传统美德

君子之为：修身齐家治国平天下
刚健有为：自强不息与勇毅力行
仁爱孝悌：传统美德的集中体现
谦和好礼：为人处世的美好情操
诚信知报：质朴道德的重要表现
精忠报国：民族精神的巨大力量
克己奉公：强烈使命感和责任感
见利思义：崇高人格的光辉写照
勤俭廉政：民族的共同价值取向
笃实宽厚：宽厚品德的生活体现

历史长河

兵器阵法：历代军事与兵器阵法
战事演义：历代战争与著名战役
货币历程：历代货币与钱币形式
金融形态：历代金融与货币流通
交通巡礼：历代交通与水陆运输
商贸纵观：历代商业与市场经济
印纺工业：历代纺织与印染工艺
古老行业：三百六十行由来发展
养殖史话：古代畜牧与古代渔业
种植细说：古代栽培与古代园艺

强健之源

中国功夫：中华武术历史与文化
南拳北腿：武术种类与文化内涵
少林传奇：少林功夫历史与文化